KB060531

인공지능
구조 원리
교 과 서

인공지능 구조 원리 교과서

개발자와 프로젝트 매니저를 위한 AI 수업,
머신러닝·딥러닝·CNN·RNN·LLM 메커니즘 해설

송경빈 지음

보누스

인공지능의 구조와 원리를 제대로 이해하는 길잡이

지금 온 세상이 주목하고 있는 인공지능, 정말 지능 맞을까? 이 질문에 답하자면 한마디로 "아니오."다. 엄밀히 말해 지금 기술로 구현한 것들은 '인공지능'(Artificial Intelligence, AI)이라기보다 '높은 수준의 자동화 기계'라고 부르는 것이 더 맞다. 이전 기계들에 비해 훨씬 어렵고 복잡한 일을 잘해내지만, 지능과는 관계없는 그냥 기계일 뿐이다. 지금의 AI 기술은 '자의식을 갖춘 지성과 지능'을 구현하는 기술이 아니라, 굉장히 발달한 '데이터 분석 기술'이자 고성능의 '자동화 기술'이다.

'그럼 별것 아닌 건가?'라고 생각할 수 있는데 절대 그렇지는 않다. 자동화 기계라고 하면 공장에서 제품을 대량생산하는 기계나 자동차 조립 로봇 등을 연상할 수 있는데, 인공지능은 그것과 분명히 다르다. 이 기술은 자동화를 구현하는 데 있어 그동안 도저히 해내기 어려웠던 난도 높은 일들을 실현한다. 이전과는 수준이 완전히 다른 자동화 기술인 셈이다. 게다가 자동화 공식을 찾아내는 일을 컴퓨터에 온전히 의지한다는 점에서도 이전 기술과 큰 차이가 있다.

자율주행 자동차를 예로 들어보자. 예전에는 일일이 기계에게 운전 요령과 운전 중 발생할 다양한 상황에 어떻게 대처할지를 직접 프로그래밍해야 했다. 하지만 AI 기술을 이용하면 운전 요령과 대처법을 컴퓨터가 '학습'이라는 과정을 통해 찾아낸다. 학습을 마친 자율주행 자동차는 사람보다도 운전을 잘한다. 그렇다면 사람보다 운전을 잘하는 이 자동차가 정말 인간 같은 지능을 가진 것일까? 전혀 그렇지 않다. 이 녀석이 잘하는 것은 딱 하나, 운전뿐이다. 운전에 필요한 기능들이 학습 과정을 통해 이식된, 성능 좋은 운전 기계일 뿐이다. 다른 것을 잘하려면 백지상태에서 해당 기능과 관련한 훈련을 새로 시작하거나 다른 인공지능을 구해야 한다.

인공지능 기술에 대해 사람들이 품은 생각에는 다소 오해가 섞여 있다. 인공지능 기술의 기초 원리를 올바로 이해한다면, 이러한 오해가 많이 바로잡히지 않을까 생각한다. 이 책의 목표 또한 이와 같다. 인공지능의 원리와 구조를 바르게 이해하는 것이다.

인공지능 공부를 태산같이 크고 부담스럽게 느끼는 사람들이 의외로 많다. 사실 다른 기술들에 비해 난도가 높긴 하다. 수학·확률·통계·컴퓨터공학 등 선행 지식이 필요하고, 이론이 상당히 복잡하며, 무엇보다도 공부해야 할 분량이 참 많다. 학교에서 공부한다고 해도 컴퓨터공학을 전공한 사람이 대학원에서 최소 4학기 정도는 공부해야 하지 않을까 싶을 정도다. 문제는 인공지능 기술이 너무나 빨리 대중화되고 있어 관련 인력이 많이 필요한 반면, 인터넷에 파편적으로 올라와 있는 짧은 정보들로는 인공지능을 제대로 이해하기 어렵다는 점이다.

이 책에서는 전문가가 아닌 일반인도 인공지능 기술의 원리를 이해할 수 있도록 최대한 쉽게 풀어냈다. 인공지능 개발자가 되고 싶은데 이론이 너무 어려워 엄두가 안 나는 학생, 기초 원리를 공부할 시간도 없이 바로 현업에 투입돼야 하는 현직 개발자, 사전 지식 없이 사업을 기획하고 발주해야 하는 현업 실무자, 전문 지식까지는 필요 없지만 인공지능 기술의 정체가 궁금한 일반인들을 위한 책이다. 이미 기본 지식을 갖춘 분들이라면 이 책으로 자신의 지식을 돌아보고 복습하면서, 기초를 다시금 탄탄히 다지는 기회를 얻을 수 있을 것이다.

이 책은 데이터 분석에 대한 이야기를 시작으로 그것이 어떻게 머신러닝으로 이어지는지, 그리고 어떻게 딥러닝으로 발전하는지를 다루면서 그 기술적 흐름을 중심으로 구성했다. 흐름을 따라 쭉 읽다 보면 현재 인공지능의 핵심 기술들을 자연스럽게 이해하게 될 것이다.

인공지능 기술의 가장 기초가 되는 머신러닝의 원리, 인공지능 시대를 활짝 열어젖힌 딥러닝 기술, 온 세상을 떠들썩하게 만든 대규모 언어 모델까지, 인공지능 기술의 정체를 차근차근 알아본다.

중학생 정도의 지식을 갖춘 사람이라면 누구나 이 책을 읽고 이해할 수 있다. 어려운 용어, 학문 이론, 수학 등은 최대한 배제하고, 가능한 한 일상용어와 사례를 사용해 설명하려고 노력했다. 그러면서도 인공지능 기술의 핵심 원리는 모두 담았다. 당초 '초등학생도 이해하는 책'이 목표였지만 필자의 한계로 인해 목표 연령대를 더 낮추지는 못했다. 못내 아쉬운 지점이지만, 이 책이 많은 사람에게 인공지능의 기초 원리부터 응용까지 충실하게 설명해 주는 길잡이가 됐으면 하는 바람이다. 또한 인공지능 기술이 사회적으로 바르게, 비용 낭비나 거품 없이 사용되는 데 조금이나마 도움이 되길 바란다.

이 책 내용들은 필자가 여러 교재들과 자료들을 공부한 내용을 주관적인 이해와 해석을 통해 정리하고 기술한 것이다. 혹여나 잘못된 이해와 해석이 있다면 이는 모두 필자의 잘못이다.

이 책을 읽고 한 단계 더 깊은 공부를 하고 싶은 분에게는 '모두를 위한 머신러닝/딥러닝 강의(김성훈, http://hunkim.github.io/ml/)'를 권한다. 필자도 이 강의에서 많은 도움을 얻었다.

차례

How can I serve You?

AI ROBOT

VIII
고성능 기계, 그리고 사람

I

인공지능의 부상

마음만 먹으면 누구나 인공지능 모델을 만들고 사용할 수 있는 시대가 됐다. 기초적인 컴퓨터 프로그래밍 지식만 갖추면 초등학생도 할 수 있다. 문제는 그게 무언지 잘 모르기 때문에 막연하고 멀게 느껴지고 어렵게 느껴진다는 점이다. 기초 원리를 이해하면 자신감이 생길 것이다. 일단 인공지능이 무언지 알아야 한다. 이 장에서는 요즘 가장 주목을 받고 있는 분야인 인공지능이 무엇인지, 또 어떤 경로로 어떻게 발전해 왔는지를 알아본다. 본격적으로 인공지능의 원리를 공부하기 전에 가벼운 몸풀기를 한다고 생각하자.

01 컴퓨터가 그림을 읽다니

놀라운 인공지능의 진짜 모습

　　옆 페이지의 그림에서 왼쪽 사진은 컴퓨터(인공지능)에 제시된 사진이고, 오른쪽 텍스트는 인공지능이 이 사진을 보고 해설한 내용이다. 해설을 보면 인공지능이 매우 훌륭하게 사진을 이해했음을 확인할 수 있다.

　　여기서 퀴즈를 하나 풀어보자. 사진을 보면 사람들이 터번을 쓰고 있음을 볼 수 있는데, 그렇다면 인공지능이 사진 속에서 터번을 인식할 수 있을까, 없을까?

　　정답은 '할 수 없다'이다.

　　'응? 이 정도 능력인데 그럴 리가 없지 않은가?'라는 생각이 들었을지도 모르겠다. 그런데 사실이다. 이 인공지능은 터번을 인식하지 못한다. 이 인공지능 알고리즘은 그림의 가운데에 설명돼 있는 것처럼 CNN이라는 알고리즘과 RNN이라는 알고리즘을 같이 사용한다. 뒤에서 좀 더 자세히 다루겠지만, 여기에서 CNN은 사진 속의 개체들을 인식하는 역할을, RNN은 CNN이 분석해 넘겨준 개체의 이름, 즉 단어를 나열해 사람이 설명하듯 문장을 만들어내는 역할을 한다. 문제는 CNN 알고리즘이 사전에 학습한 개체들만 인식할 수 있다는 점이다. 인식할 개체의 목록과 대량의 개체별 학습 데이터, 즉 사진들을 사전에 제공받고, 이를 토대로 각 개체의 특징들을 학습해서 인식능력을 갖춘다. 다시 말해 CNN 알고리즘은 사전에 학습한 개체만 인식할 수 있다. 이 인공지능이 학습을 완료하고, 옆 페이지에서 보듯 잘 작동되고 있는데도 불구하고, 인공지능의 사진 해설에 '터번'이라는 단어가 등장하지 않았다는 것은 사전에 터번이 학습 대상으로 주어지지 않았다는 것을 의미한다. 인공지능은 학습하지 않은 대상에 대해서는 전혀 아는 바가 없으므로, 이 인공지능이 터번을 인식하는 것은 불가능하다.

사실 기계가 사진을 보고 해석해 이렇게 읽어낸다는 것은 정말 대단한 일이다. 예전에는 상상도 할 수 없었다. 사진은 무한한 다양성이 있는 창작물이고, 컴퓨터에 눈이 있는 것도 아니다. 어떤 규칙과 논리를 가지고 기계가 이것을 판독할 수 있겠는가? 그러나 인공지능 기술은 이것을 실현하고 있다. 앞으로 이 기술은 더 대단한 일들을 많이 해낼 것이다. 하지만 한편으로는 이렇게 한계가 분명한 기술이라는 사실을, 아직 '지능'이라고 부르기엔 많이 부족한 기술이라는 사실을 말하고자 이 그림으로 책의 첫머리를 시작했다.

☐ 사진을 판독하고 설명하는 인공지능

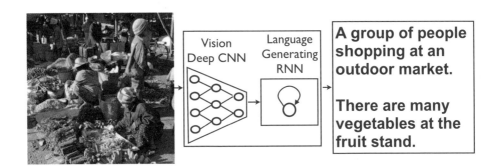

사진이 어떤 장면을 담고 있는지를 인공지능이 설명하는 과정

인공지능의 정의

우리가 무심코 생각하는 인공지능의 모습

이 글을 읽기 전에 스스로에게 물어보자. 인공지능이 무엇이라고 생각하는가? 우리는 인공지능을 어떻게 정의하고 있는가?

많은 사람이 '사람을 흉내 내어 만든 인공적인 지적 존재, 사람처럼 스스로 생각하고 판단할 수 있는 지식 체계를 갖춘 기계'라고 생각한다. 사람들이 생각하는 정의에 공통적으로 담긴 것은 '자기 주체성을 가진 어떤 존재'라는 개념이다. 인공지능은 영어로도 Artificial Intelligence(AI), 즉 인공적인 지능이라고 표현한다. 인공지능을 일반적으로 어떻게 정의하고 있는지 확인해 보자. 다음은 두산백과의 정의다.

인공지능[artificial intelligence, 人工知能]

요약 인간의 인지·추론·판단 등의 능력을 컴퓨터로 구현하기 위한 기술 혹은 그 연구 분야.

인간의 인지·추론·판단 등의 능력을 컴퓨터로 구현하기 위한 기술 혹은 그 연구 분야 등을 총칭하는 용어로 사용된다. 컴퓨터와 같은 기계는 인간에 비해 제어, 연산 등의 능력이 뛰어나지만, 사람이 가지고 있는 지능을 기반으로 하는 인지·추론·판단 등의 능력은 가지고 있지 않다. 이러한 사람 고유의 능력을 컴퓨터에서 구현해 보고자 시작된 것이 인공지능이다.

다음은 위키피디아의 정의다.

인공지능(人工智能) 또는 AI(영어: artificial intelligence, AI)는 인간의 학습능력, 추론능력, 지각능력을 인공적으로 구현하려는 컴퓨터 과학의 세부 분야 중 하나이다. —(중략)— 인간의 지능을 기계 등에 인공적으로 시연(구현)한 것이다. 일반적으로 범용 컴퓨터에 적용한다고 가정한다. 이 용어는 또한 그와 같은 지능을 만들 수 있는 방법론이나 실현 가능성 등을 연구하는 과학 기술 분야를 지칭하기도 한다.

우리가 일반적으로 생각하는 정의와 크게 다르지 않다. 사람의 지적 능력을 인공적으로 구현한 것을 인공지능이라 정의하고 있다. 그럼 실제로는 인공지능이라는 용어가 어떻게 사용되고 있을까? 나음 페이지를 보자.

☐ 미래에 인공적인 지적 존재는 어떤 형상을 하고 있을까?

우리는 지능을 갖춘 존재가 으레 인간과 비슷한 외양이라고 생각하는 경향이 있다.

☐ 뇌과학과 인공지능

뇌과학과 인공지능 연구는 상호작용을 하며 발전하고 있기는 하나, 학계나 산업계 측면에서 볼 때 이 둘은 엄연히 다른 분야다. 뇌과학은 생물학적인 신경계를 연구하는 학문이고, 현재 인공지능 기술은 기계 성능을 높이는 방법을 찾는 공학이다.

03 인공지능 용어의 오용
사실 머신러닝과 인공지능은 같은 말이 아니다

사람들의 생각도 그렇지만, 사전적 정의로도 인공지능은 '인간의 지적 능력을 인위적으로 구현하는 것'을 일컫는 말이라는 것을 확인했다. 한편 인공지능 계열의 기술로 분류되는 머신러닝(machine learning)이라는 것이 있는데, 이것은 '학습 과정을 거쳐 성능이나 정확도를 향상할 수 있는 기계 또는 시스템을' 구현하는 기술이다. 쉽게 말해 학습시킬 수 있는 기계를 만드는 기술이다.

현재 인공지능이라 일컬어지며 주목받고 있는 기술은 정확히 말해 머신러닝이다. '머신러닝과 인공지능'이 같은 말처럼 쓰이고 있는 것이다. 여기에는 여러 가지 이유가 있는데 첫째, 머신러닝 기술은 인공지능 기술 중 하나다. 둘째, 머신러닝이 뇌의 기초적인 작동 방식을 모방한 기술을 사용하고 있다. 셋째, 머신러닝에 데이터를 이용해 정확도를 높여가는, 즉 학습이라 불릴 만한 특성이 있다. 게다가 인공적인 지능 구현에 대한 연구 진도는 느린 반면, 머신러닝 분야의 기술 발전은 폭발적이다 보니 이름 자체를 잠식당한 측면도 있다.

물론 머신러닝은 사진 판독, 문서 분류, 불량 탐지 등과 같은 '기능'을 구현하는 기술이지, 지능을 만드는 기술이 아니다. 이름을 잠식당한 건 상관없는데, 이와 같은 용어 사용이 혼선을 주고 있다. 이 때문에 많은 사람이 혼란스러워하고, 불필요한 사회적 비용을 야기한다. 명확히 구분해 쓰는 것이 가장 좋겠지만, 이미 이렇게 쓰고 있는 상황을 어찌할 수는 없다. 다만 적어도 이런 사연이 있다는 것 정도는 알아 두면 좋겠다.

이 책에서도 부득이 기계학습, 머신러닝, 인공지능이라는 용어가 같은 의미로 쓰인다. 현실에서 인공지능과 머신러닝이 같은 말로 사용되고 있기 때문에 이 책에서도 어쩔 수 없이 같이 사용한다. 전문 서적일수록 인공지능이라는 용어가 덜 쓰이지만 이 책은 일반인을 대상으로 하는 책이기 때문에 가장 대중적인 용어인 인공지능이라는 말을 우선적으로 사용하고, 맥락상 명확한 구분이 필요한 경우에만 기계학습이나 머신러닝이라는 용어를 사용한다. 따라서 이 책에서 이제부터 사용하는 인공지능이라는 용어는 대부분 '기계학습'을 말하는 것임을 기억하면 좋겠다. 특히 II~VII 장에서 말하는 인공지능이라는 용어는 모두 기계학습, 즉 머신러닝을 뜻한다.

인공지능과 머신러닝

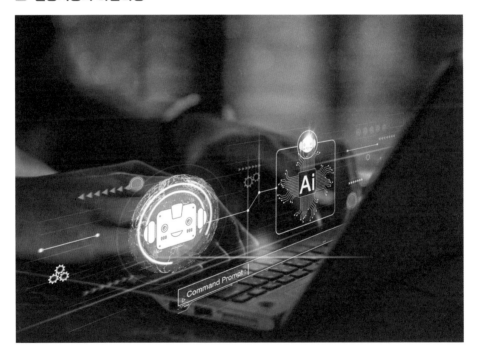

인공지능은 사람을 흉내 내는 인공적인 지적 존재, 즉 사람처럼 스스로 생각하고 판단할 수 있는 지식 체계를 갖춘 기계를 말한다.

반면 머신러닝은 고성능의 자동화 기계를 구현하는 기술, 즉 문제를 해결하는 도구를 만드는 기술이다. 현재 인공지능 기술은 인간이 해야 하는 수많은 일을 기계가 대신해 사람만큼 잘해내도록 하는 데 초점이 맞춰져 있지, 인간의 뇌가 작동하는 메커니즘을 재현하는 것에 초점이 있지 않다.

04 인공지능 기술의 역사
컴퓨터 발전과 데이터가 만나 꽃을 피우다

벌써 50여 년 전인 1968년, 영화 감독 스탠리 큐브릭은 당시로서는 먼 미래인 2001년을 배경으로 하는 영화 〈2001 : 스페이스 오디세이〉에서 'HAL 9000'이라는 이름의 인공지능을 선보였다. HAL 9000은 사람처럼 스스로 판단하고 생각하는 존재였다. 이 당시는 인공지능 기술이 한창 주목받고 관련 연구가 활발하던 시기였다.

1958년에 심리학을 전공한 신경생물학자 프랭크 로젠블랫(Frank Rosenblatt)이 사람 뇌가 작동하는 기초적인 방식을 전기적으로 재현한 '퍼셉트론'을 개발했고, 곧이어 '프로그램이 아닌 데이터를 이용해 기계 성능을 향상시킬 수 있다.'라는 '기계학습' 개념이 학계에 등장했다. 그러나 퍼셉트론의 한계점이 발견되고 관심과 열기가 식으면서, 예산 지원이 급격히 축소되는 시기를 맞이한다. 이 당시를 일컬어 '인공지능의 겨울'이라고 한다. 인공지능 학계는 이렇게 1970년대 중후반을 보낸다.

이후 1980년대에는 전문가 수준의 세부 지식과 정보를 제공하는 것에 목적을 둔 '전문가 시스템'이 관심과 인기를 얻으면서 인공지능 연구도 다시 활성화됐다. 이 시기에 퍼셉트론을 여러 층으로 구현한 인공신경망 연구도 활기를 띤다. 그러나 전문가 시스템에 대한 기대가 실망으로 바뀌면서 인공지능 연구는 다시 한번 겨울을 맞이해 1980년대 말부터 1990년대 초까지 또다시 암흑기를 보낸다.

이후 1990년대 중반부터 인공지능 기술은 큰 굴곡 없이 꾸준한 발전기를 보냈고, 2000년대부터는 대규모 산술 연산에 최적화된 GPU(Graphics Processing Unit)가 발

프랭크 로젠블랫과 퍼셉트론

로젠블랫이 학습 개념을 도입해 만든 퍼셉트론

달하면서 딥러닝 기술 발전에 큰 영향을 끼친다.

사회적 실망과 좌절로 인해 두 번의 부침을 겪었음에도 인공지능 기술은 꾸준히 발전해 왔는데, 2010년대 들어 마침내 꽃을 피웠다. 지속적으로 향상된 컴퓨터 하드웨어 성능과 일상화된 스마트폰과 인터넷이 만들어낸 풍부한 데이터가 만나 이뤄낸 결과였다. 대중에게는 2016년 알파고의 등장이 '인공지능과 함께하는 시대'가 시작됐음을 알리는 상징적인 사건이었다.

전문가 시스템 초기 플랫폼(1984)

미국의 컴퓨터 제조사인 심볼릭스의 3640 리스프 머신

05
I

인공지능의 주요 사례
가뭄 예측에서 보행자의 이상행동 탐지까지

지금 우리 생활에 인공지능 기술이 얼마나 깊숙이 들어와 있을까? 많은 이가 천재 바둑 기사 이세돌을 눌러 유명해진 알파고를 기억하고 있겠지만, 그 이후 인공지능 기술이 어떻게 발전해 왔는지는 잘 모르는 경우가 많은 듯하다. 최근 ChatGPT가 세간의 관심을 끌면서 다시 한번 주목을 받고 있긴 하지만, 사실 큰 이슈들과는 별개로 인공지능 기술은 알게 모르게 우리 생활 속 이곳저곳에 꾸준히, 그리고 빠르게 파고들고 있다.

일상에서 쉽게 접할 수 있는 사례부터 찾아보자. 사람 말을 알아듣고 음악도 틀어주며 날씨도 알려주는 AI 스피커, 스마트폰에서 손가락 대신 말로 문자를 입력할 수 있게 해주는 음성인식/입력 기능, 파파고나 구글번역 같은 번역기, 검색창에 입력할 때 자동으로 나타나는 단어/문장 자동 완성 기능, 인터넷 쇼핑몰에서 쉽게 접할 수 있는 챗봇, 포털사이트에서 제공하는 맞춤형 뉴스 추천, 유튜브의 추천 영상, 쇼핑몰의 관심 상품 팝업, 이 모두가 인공지능 기술로 구현된 것들이다.

☐ OpenAI사의 ChatGPT 로고

2022년에 등장한 대화형 인공지능 서비스인 ChatGPT는
많은 이에게 충격을 줬다.

일반인들은 잘 모르지만 일상에서 보이지 않게 쓰이고 있는 사례들도 많다. 암 진단, 보이스피싱 탐지, 대중교통 버스의 고장 사전 진단, 택배 물류량 장단기 예측, 유사 상표 검색, 부동산 사기 거래 탐지, 불법 조업 어선 탐지, 가뭄이나 홍수 예측, 기상 데이터의 오류 보정, 출소자의 사회 적응 예측, 계약 문서의 불공정 요소 검출, 하수처리장의 펌프 고장 진단, 쓰레기 불법 투기 탐지, 디스플레이 패널의 불량 화소 탐지, 보행자의 이상행동 탐지, 농산물 불량품 판정, 갯벌 낙지 개체수 파악 등등 아마 찾다 보면 끝이 없을 것이다.

우리가 생각하는 것보다 훨씬 많은 서비스가 인공지능 기술을 사용해 새롭게 태어나고 있다. 여기에서 '새롭게'라는 말은 기존보다 월등히 좋은 성능이라는 뜻이다. 기존에 데이터 분석을 기반으로 진행되던 일들은 이제 대부분 AI 기술로 넘어가고 있다고 봐도 무리가 없다.

☐ **일상에 스며든 AI 기술 사례**

인공지능이 탑재된 스피커는 기상예보, 음악 재생 등 다양한 기능을 수행한다.

II

데이터와
인공지능

데이터 분석과 머신러닝은 서로 겹치면서도 성격이 다른 분야다. 이들은 각각 다양한 기법을 연구하며 같이 성장해 왔다. 데이터를 활용하는 측면에서 볼 때 통계, 머신러닝, 딥러닝 기술 사이에는 연속성이 있다. 데이터를 분석하고 활용하는 일은 이미 오래전에 전통적인 통계 기법을 사용하며 시작됐다. 머신러닝은 이런 통계·분석 모델의 수식을 자동으로 완성하는 근래의 기술이며, 딥러닝은 머신러닝 모델을 여러 층으로 쌓아 고도화한 최신 기술이다.

무슨 말인지 잘 이해되지 않아도 상관없다. 이 책을 다 읽고 나면 이 말들이 모두 이해될 것이다. 이 장은 인공지능을 공부하기 전에 진행하는 일종의 '선행 학습'이다. 머신러닝을 이해하는 데 좋은 배경지식이 된다.

II
01

데이터의 유형별 구분
정형·비정형·반정형 데이터

AI는 기본적으로 데이터가 '밥'이다. 데이터가 없으면 인공지능도 굶어 죽는다. 풍부한 데이터와 이를 어렵지 않게 사용할 수 있는 환경은 인공지능 기술이 발전하고 다채로운 서비스가 태어날 수 있는 가장 기본적이고 필수적인 토양이다. '데이터를 분석하고 활용하는 일'이 무엇인지 이해하는 일은 인공지능 기술을 이해하는 데 중요한 밑바탕이 된다. 머신러닝 기술이 여기에 뿌리를 두고 있다. 이제 데이터부터 알아보자.

데이터는 흔히 정형 데이터, 비정형 데이터, 반정형 데이터로 구분된다. 정형 데이터라 함은 형식이 정확히 정해져 있는 데이터를 말한다. 쉽게 생각하면 엑셀 파일

☐ 정형 데이터의 예시

고객 ID	고객명	제품 아이디	제품명	수량	단위 가격	판매 날짜
101	존 스미스	1	노트북	2	$800	7/1/2021
102	메리 존슨	2	스마트폰	3	$600	7/2/2021
103	로버트 브라운	3	헤드폰	1	$100	7/3/2021
104	리사 데이비스	4	태블릿	2	$400	7/4/2021
105	마이클 리	5	스마트워치	1	$300	7/5/2021
106	사라 윌슨	6	카메라	1	$700	7/6/2021

일정한 형식으로 정리한 제품 구매 고객 정보

속에 가지런히 정돈돼 들어가 있는 데이터가 정형 데이터다. 이름은 이름대로, 점수는 점수대로, 날짜는 날짜대로 해당 열에 각각 정해진 형식(텍스트, 숫자, 날짜 등)을 지키며 들어가 있다. 이것들은 보통 사각형 형태의 표로 만들어지는데, 이를 전문 용어로 데이터 테이블이라 한다. 고객 정보, 판매 상품 목록, 판매 이력, 환자 정보, 진단 내역, 금융 거래 이력, 제품 생산 현황 등이 이에 해당한다.

반정형 데이터의 예시

```
<!DOCTYPE html>
<html>
<head>
  <title>My Webpage</title>
</head>
<body>
  <h1>Hello, World!</h1>
  <p>This is a simple HTML webpage.</p>
</body>
</html>
```

HTML 문서는 반정형 데이터의 한 예다.

비정형 데이터는 여러분이 인터넷에 올린 블로그 글, SNS 데이터 등과 같이 정해진 형식이 없는 데이터를 말한다. 블로그나 SNS 콘텐츠에는 글, 그림, 영상, 소리 등 다양한 형식의 데이터가 뒤섞여 있다. 쉽게 말해 규칙성이 없다.

비정형 데이터

블로그나 SNS 콘텐츠에는 글, 그림, 영상, 소리 등 다양한 형식의 데이터가 뒤섞여 있다.

반정형 데이터는 중간 형태의 데이터를 말한다. 간단한 규칙을 정해 데이터를 콤마와 같은 기호로 구분해 일관된 순서로 입력한 텍스트 파일(이를 CSV 파일이라 함)이나 인터넷 웹페이지를 만드는 HTML 문서, 컴퓨터 로그 데이터 등을 예로 들 수 있다. 그냥 보면 데이터들이 마구 나열돼 있는 것 같으나 잘 뜯어보면 나름의 순서 체계가 있다는 점이 특징이다.

인공지능은 이 세 종류의 데이터를 모두 학습용으로 사용할 수 있다. 원래 형식 그대로 사용하기도 하지만, 대체로 비정형이나 반정형 데이터는 정형으로 바꿔 사용한다.

데이터를 분석하고 활용하는 법

우선 질문의 주제를 명확히 하자

여러분이 일기 예보관이라고 생각해 보자. 여러분에게 전국으로부터 수집된 다양한 기상 데이터를 사용할 수 있는 권한이 주어졌다. 여러 기상 현상을 예측해야 하겠지만, 일단 비가 올지 안 올지부터 예측하기로 했다. 여러분은 어떤 방법으로 답을 찾겠는가?

우리가 일상에서 너무 쉽고 당연하게 이용하는 정보라서 어렵지 않은 문제로 생각할 수 있지만, 막상 '이 정보를 어떻게 얻어내지?' 하고 직접 고민해 보면 막막하게 느껴진다. 사실 이 단순해 보이는 작업도 여러 가지 일을 복합적으로 진행해야 하는 꽤 어려운 프로젝트다.

간단히 생각해 보자면, 일단 비 오는 데 영향을 미치는 요소가 무엇인지를 먼저 판단해야 할 것이다. 구름의 양, 습도, 풍향, 기온, 기압 등이 그 요소가 될 것이다. 이것이 정해지고 나면 필요한 데이터가 무엇인지 정리할 수 있다. 예를 들어 구름의 양을 가늠할 수 있는 위성사진, 강우 상황을 볼 수 있는 레이더 영상, 지역별 기온·기압·습도·풍향 데이터, 인근 지역의 강우량 등이다. 이것이 정해지고 나면, 이 데이터들을 여러 경로로 수집해 저장하고, 이후에는 확보한 데이터가 이상 없는지 확인해 잘못된 데이터가 있으면 수정·보완을 한다. 그다음 분석에 활용할 수 있는 형식으로 가공한다. 그리고 이 데이터들을 어떻게 조합해 분석하면 정답에 가까운 예측치를 산출할지 분석 모델을 연구하고 만들 것이다.

분석 데이터가 온전하게 준비되고, 이 데이터들의 특성에 맞는 훌륭한 분석 모델도 만들면, 이제 예측을 위해 오늘까지 수집한 데이터들을 해당 모델에 대입해 내일 비가 올 가능성이 몇 퍼센트인지 산출한다.

설명을 위해 든 예시이지만, 쉽게 설명하려다 보니 너무 단순화한 것 같은 생각도 든다. 하지만 지금 얘기한 내용이 일반적으로 데이터를 분석·활용하는 데 필요한 기본 절차다. 이 절차는 아래에서 보듯 '주제 결정→데이터 수집→정제·가공→모델 설계→분석·활용'의 단계로 정리된다.

가장 첫 단계는 당연히 데이터를 활용하는 목적을 분명히 하는 것이다. 데이터에게 던질 질문을 정확하게 정해야 한다는 의미다. 예시의 주제는 '내일 비가 올지 안 올지를 예측'하는 것이었다. 질문이 명확하지 않으면 그다음 단계를 진행할 수 없기 때문에 이 작업은 매우 중요하다. 질문이 명확하지 않은 상태에서 진행하는 데이터 수집·저장, 정제·가공은 시간과 예산을 낭비할 수 있으므로 신중해야 한다.

〇 데이터 분석·활용의 일반적 절차

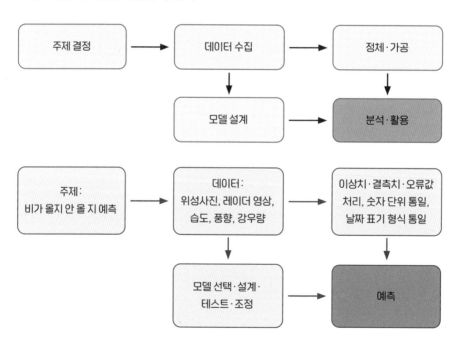

위 절차는 단순한 예시로, 실제 일기예보는 더 많은 기술, 설비, 이론, 절차가 사용된다.

손이 많이 가는 데이터
처음부터 양질인 데이터는 흔치 않다

분석 주제가 정해지고 나면 앞의 예시처럼 필요한 데이터, 수집 가능한 데이터를 조사해 확보한다. 이어서 수집된 데이터의 정제·가공 단계를 진행하는데 이것이 참 큰일이다. 데이터는 생각처럼 말끔하질 않아서 손이 참 많이 가는 자원이다. 정상 범위를 벗어난 이상치, 빈칸, 오류 등 엉터리 값이 들어가 있는 경우가 많아서 일일이 보정해 줘야 한다. 그렇게 하지 않고 그냥 사용할 경우, 분석 결과의 품질이 떨어질 수밖에 없다. 인공지능 모델의 학습에 쓰인다면 모델 성능이 좋게 나올 수 없다.

품질 문제와 더불어 '내가 요구하는 형식을 데이터가 갖추고 있는가'도 중요한 문제다. 예를 들어 내가 해야 하는 것은 '주간 예보'인데 확보한 데이터가 일간 데이터라면 어떻게 해야 할까. 일간 데이터라면 평균이라도 내볼 수 있을 텐데, 확보한 것이 만약 월간 데이터라면 어떻게 해야 할까. A 지역의 습도 값은 '38%'로 들어 있는데, B 지역의 습도는 '0.38'의 형식으로 들어 있다면 수정 작업이 필요하다. 가 지역의 날짜는 '2023-06-02'와 같이 들어 있는데, 나 지역의 날짜는 '02-JUN-23'으로 들어 있다면 이것도 그냥 둘 수 없다. 처리 과정에서 모두 오류가 되기 때문이다. 이런 데이터들을 가공하고, 형식을 통일하는 일은 손이 많이 가고 번거롭다.

이 같은 어려움들로 인해 데이터 분석 프로젝트는 기간과 비용의 70~80%를 데이터 정제·가공 단계에서 소비한다. 단순한 일이지만 절대 만만히 볼 수 없다. 인공지능 서비스 개발 과정에서도 크게 다르지 않다.

이와 같은 과정을 거쳐 원하는 데이터의 확보가 마무리되면, 비로소 목적에 맞게 데이터 분석 모델을 설계해 적용해 보고, 성능에 따라 모델을 재설계하거나 수정하는 절차를 거쳐 최종 모델을 완성한다. 완성된 모델이란 단순하게 표현하면 애초 목표했던 질문에 대해 답을 얻을 수 있는 '수식'이다.

☐ 저품질 데이터, 불량 데이터의 예시

부정확하거나 불완전한 고객 데이터

고객 ID	이름	전화	이메일
1	김말숙	123-456-7890	john.doe@example.com
2	제인 스미스	Null	jane.smith@example.com
3	박서준	098-7654-3210	Null
4	홍길동	987-654-3210	gildong.hong@invalid

센서 데이터의 이상값 또는 작동 오류

타임스탬프	온도(°C)
6/1/2023 8:00	20.0
6/1/2023 8:15	19.8
6/1/2023 8:30	150.0
6/1/2023 8:45	20.2
6/1/2023 9:00	20.5
6/1/2023 9:15	19.9
6/1/2023 9:30	Null
6/1/2023 9:45	20.5

일관되지 않은 단위 또는 형식

거래 날짜	금액(USD)
2023년 1월 15일	5,000달러
2023년 1월 17일	5,500달러
2023년 1월 20일	5,000달러
2023년 2월 1일	7,000유로
2023년 3월 3일	6,000달러
2023년 3월 15일	5,000달러
2023년 4월 17일	5천 달러
2023년 4월 20일	5,000달러

이런 데이터가 섞여 있으면 예측 품질이 낮아진다. 인공지능의 성능도 당연히 떨어진다.

빅데이터와 인공지능
머신러닝도 데이터를 활용하는 방법 중 하나

빅데이터란 무엇일까? 규모가 큰 데이터를 말하는 것 같은데, 그렇다면 얼마나 커야 빅데이터라고 부를 수 있을까? 한동안 빅데이터라는 키워드가 IT 산업계를 흔들었다. 정보화 세상이 돼 사회 곳곳에서 풍부한 양의 데이터가 늘 생성되는 가운데, 기존 기술로는 다루지 못했던 방대한 양의 데이터까지도 수집·분석할 수 있는 기술이 등장한 것이 계기가 됐다. 그리고 그 열기가 식기도 전에 인공지능이 부상해 빅데이터 역시 여전히 중요한 주제로 다뤄지고 있다. 빅데이터가 이슈일 때에는 '사람이 분석·활용하는 자원'으로 주목받았다면, 최근에는 '인공지능이 학습하는 자원'으로 주목받고 있다는 정도가 달라졌을 뿐이다.

다시 원래 질문으로 돌아가서, 그렇다면 빅데이터란 정확히 무얼 말하는 걸까? 얼마만큼 크면 빅데이터라고 불러도 되는 걸까? 사실 빅데이터는 패러다임(어떤 한 시대 사람들의 견해나 사고를 근본적으로 규정하고 있는 테두리로서의 인식 체계)에 대한 이야기이지 기술적 물리적 관점에서 '데이터의 양'을 논하는 주제가 아니다.

정보화 기술의 발전에 따라 컴퓨터, 인터넷, 스마트폰의 사용이 일상화되고, 이로 인해 다양하고 풍부한 데이터가 지속적으로 생산됨에 따라, 이 데이터를 방치해 둘 것이 아니라 '자원으로 인식하고 분석해 가치를 발굴하자.'라는 인식 전환, 패러다임 전환에 대한 이야기다. '데이터는 과학적·합리적 의사결정을 위한 도구, 사람의 눈으로는 볼 수 없었던 인사이트(통찰)를 제공할 수 있는 새롭고 강력한 자원이자 도구'라는 인식의 발현인 것이다. 빅데이터라는 패러다임은 비록 적은 데이터일지라

33

도 분석해 활용하는 것이 사람의 직관에 의존하는 것보다 낫다는 것을 일깨워줬다.

　빅데이터 관점에서 보면 인공지능 프로젝트, 즉 머신러닝 프로젝트는 단지 빅데이터 프로젝트의 여러 유형들 중 하나일 뿐이다. 머신러닝은 데이터를 분석해 활용하는 여러 가지 방법 중 하나이기 때문이다. 실제로 많은 데이터 분석 프로젝트에서 분석 모델로 머신러닝을 사용한다. 최근에는 기존의 통계 기법보다도 머신러닝이 선호되고 있다. 어찌 보면 빅데이터 입장에서는 인공지능 기술이 새로운 것도 아닌 셈이다.

☐ 데이터를 분석해 합리적인 인사이트를 얻었던 사례

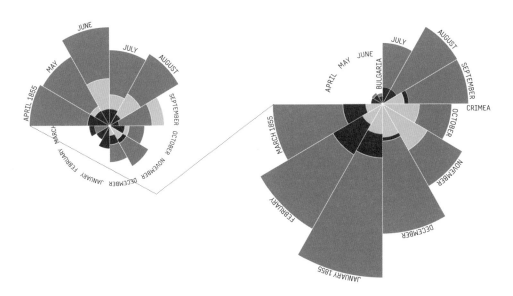

나이팅게일이 만든 사망 원인 도표. 크림 전쟁 당시 나이팅게일은 환자의 입원, 부상, 질병 등의 내역을 상세히 기록하고 그래프로 표현해 위생 문제로 사망하는 병사 수가 많음을 알렸다.

II

05

데이터 분석 모델이란?

변수와 가중치로 예측값을 얻는다

빅데이터의 핵심은 '분석'이고, 분석의 중심에는 '모델링'이 있다. 우리는 데이터의 바닷속에 살고 있고, 데이터는 교육·복지·보건의료·환경·교통· 금융·통신 등 우리 생활 거의 모든 분야에서 분석돼 활용되고 있다. 그렇다면 데이터 분석 모델이란 구체적으로 무엇을 말하는 걸까?

간단한 사례를 통해 이해해 보자. 내가 의사이고 많은 환자의 다양한 데이터를 가지고 있으며, 이 정보들을 활용해 환자들 중에 고혈압이 발병할 가능성이 높은 사람을 예측하려 한다고 가정해 보자.

우리는 우선 고혈압 발생에 중요하게 영향을 미치는 요소들, 즉 원인들이 무엇인지 뽑아볼 것이다. 식습관은 어떤지, 체중은 얼마나 나가는지, 평소 운동량은 어떤지, 술은 얼마나 마시는지, 담배는 피우는지 등등 말이다. 이와 같이 문제에 영향을 미치는 요소들이 36쪽의 수식에서 x_1, x_2, x_3 등으로 표현된다.

문제에 영향을 미치는 요소들을 뽑은 다음에는 무엇을 해야 할까? 각 요소들이 문제에 영향을 미치는 비중, 즉 중요도를 판단해 적절히 반영해야 한다. 수식에서 w_1, w_2, w_3 등으로 표현된 것들이 각 요소들의 중요도인 가중치다.

이 항들의 합을 구하면 우리가 원하는 답, 즉 어떤 사람이 고혈압에 걸릴 가능성에 대한 예측값을 구할 수 있다. 단순한 방법인데 이것이 다름 아닌 데이터 분석의 대표 모델, 회귀분석이다. 이 내용은 'III 머신러닝'(41쪽)에서 다시 한번 등장하니 잘 기억해 두자.

이 밖에도 데이터 분석 기법에는 상관관계분석, 분산분석, 교차분석, 군집분석, 의사결정나무, 랜덤포레스트, 딥러닝 등 다양한 기법들이 있다. 프로젝트의 목적과 상황에 따라 이들 중 적절한 기법을 선택해 사용하는데, 통상 이를 모델링이라 한다. 예로 든 기법들 중 앞의 네 가지는 전통적인 확률·통계 기반의 기법들이고, 뒤의 세 가지는 기계학습, 즉 머신러닝이다.

☐ 데이터 분석 모델의 예시

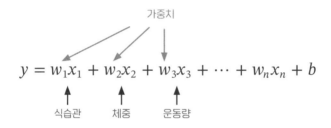

☐ 다양한 분야에 활용되는 데이터 분석

고객 분석, 시장 예측, 교통 체증 등 여러 일에 데이터 분석이 활용된다.

II
06

데이터 분석·활용의 주요 사례
버스 노선 구축에서 역학조사까지, 데이터 분석의 힘

빅데이터를 이야기하면 대표적으로 꼽히는 사례가 서울시 심야 버스, 일명 올빼미 버스 사례다. 빅데이터가 한창 ICT 분야의 주요 이슈로 주목받던 2013년도에 진행된 프로젝트인데, 심야 시간대 근로자들이 적지 않은 서울시가 심야 대중교통 수단을 효율적으로 제공하기 위해 고민하고 진행한 프로젝트다.

심야 버스는 유동 인구가 적은 시간대에 운행해야 하기 때문에 최소 노선으로 최대한 많은 시민을 운송해야 할 필요가 있었고, 그래서 대상 시간대에 서울 시민들의 이동이 가장 많은 경로를 찾는 것이 중요했다. 서울시는 이를 위해 통신사인 KT의 도움을 받았다. KT는 밤 12시에서 5시 사이에 발생한 서울 시민들의 휴대폰 위치 데이터를 추출하고, 해당 위치와 당사자의 주소지 데이터를 이동 경로로 설정해 이에 대한 통계치를 산출했다. 서울시는 이 정보를 활용해 심야 시간대 시민들의 주요 이동 경로를 추정할 수 있었다. 이를 바탕으로 버스 노선을 설정한 결과는 매우 성공적이었다. 올빼미 버스는 정부로부터 우수 행정상을 수상했고, 서울시 심야 근로자의 소중한 발이 돼 지금도 잘 운행되고 있다.

☐ **올빼미 버스 사업에 활용된 유동 인구 분석**

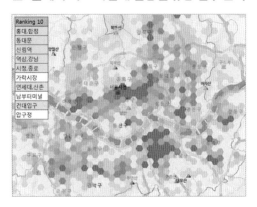

두번째는 코로나 사태를 거치며 K-방역의 상징이 된 데이터 기반 역학조사 시스템이다. 2015년 메르스(MERS, 중동 호흡기 증후군) 사태를 겪으면서 우리나라의 감염병 대응 당국은 역학조사에 이동통신 위치 데이터, 신용카드 데이터 등 디지털 정보를 활용할 수 있음을 보았고, 이를 위한 제도 개선과 더불어 일부 업무 절차를 이미 준비해 둔 상태였다.

데이터 기반 역학조사 지원 시스템은 확진자가 발생하면 확진자의 휴대폰 위치 데이터, 신용카드 결제 이력 데이터 등을 수집·정제하고 분석해 확진자의 동선 정보를 생성하며, 이를 지도에 시각화해 표출한다. 또한 입력된 여러 확진자의 동선 정보를 분석해 동선이 겹치거나 다수의 확진자가 발생한 위치 등을 자동으로 표출하는 대규모 발병 지역 표시 기능도 있고, 누가 누구에게서 감염됐는지를 신속하게 판단할 수 있도록 도와주는 감염 네트워크 산출 기능도 있다. 잘 알려지지는 않았지만, 대한민국이 코로나 상황에서 초기 대응을 신속하게 하고, 대규모 확산 상황에서도 포기하지 않고 확산 통제를 지속할 수 있었던 비결이다.

☐ 데이터 기반 역학조사 지원 시스템

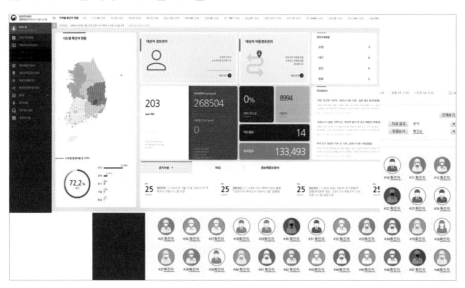

□ 콜레라를 막은 데이터 과학

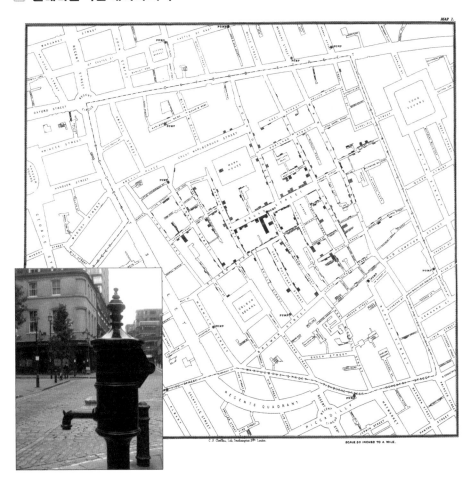

1854년, 영국에서는 콜레라가 유행해 많은 사람의 목숨을 앗아가고 있었다. 의사 존 스노는 당시 일반적
으로 믿고 있던 '나쁜 공기'가 감염원이라는 생각에 의구심을 품었다. 존 스노는 정확한 원인을 밝히기 위
해 사망자가 발생한 집들을 일일이 지도에 표시해 발병 상황의 특징을 찾고자 했다. 지도에 표기된 검은색
네모 표시가 사망자 현황이다. 이를 토대로 사망자가 특정 지점을 중심으로 발생하고 있다는 것을 시각적
으로 확인했고, 그 중심에 있는 공동 우물 펌프가 감염 확산의 원인이라는 것을 밝혀냈다. 데이터 분석과
데이터 시각화의 중요성을 일깨워주는 사례다.

두 경우 모두 개인 정보가 활용된 사례들이다. 그러나 서울시 심야 버스의 경우, 원본 데이터세트에서 통계화된 정보만 산출한 사례이며, 역학조사 지원 시스템의 경우는 감염병예방법에 의거해 적법하게 데이터를 수집·분석한 사례다. 두 경우 모두 머신러닝 기술이 쓰이진 않았지만, 데이터를 기반으로 한 과학적 의사결정의 힘, 즉 데이터의 힘을 보여주는 본보기다.

주의할 점도 있다. 이용 목적이 정해지지 않은 상태에서 데이터를 다루는 일에는 신중을 기해야 한다. 꼭 필요한 일인지, 데이터가 나중에 어떻게 쓰일지 등을 구체적으로 고민하고 검토해서 일의 전후가 명확할 때에만 추진해야 한다. 그렇지 않으면 개인정보 남용 사례가 될 수 있고, 시간과 비용을 낭비하는 일이 될 수도 있다.

아래 두 프로젝트 중 어떤 것이 빅데이터 과제일까?

통합관제센터 데이터 개방 모델 구축	출소자의 재범 방지를 위한 데이터 분석
• 도시 운영 관련 시에서 생산되는 다양한 데이터를 수집·저장 • 스마트 치안 데이터 등 외부 데이터 결합 • 데이터 통합관리 표준모델 개발	• 출소자 5천 명의 주거 상황, 직업, 범죄 이력을 분석해 사회 적응성 예측 모델 개발 • 출소 예정자를 대상으로 예측 모델을 적용해 맞춤형 갱생 보호 서비스 추천

하나는 대규모 데이터를 사용하지만 목적이 정해지지 않은 사례이고, 다른 하나는 목적이 정해져 있지만 소규모 데이터를 사용하는 사례다. 이 중 어떤 것이 앞서 설명한 정의에 충실한 진짜 빅데이터 과제일까? 잘 모르겠다면 II 장을 다시 한번 읽어보자.

III

머신러닝

머신러닝, 딥러닝, 강화학습, 자연어 처리는 현재 인공지능 기술을 대표하는 기술들이다. 이들은 서로 얽히고설키며 함께 성장하고 있다. 이제부터 이 기술들을 차례차례 살펴보면서 인공지능을 전반적으로 이해해 보자.

이 장을 시작으로 머신러닝의 기본 개념부터 대규모 언어 모델까지 적지 않은 내용들을 살펴볼 것이다. 핵심적인 내용만 어렵지 않게 간추렸지만, 원래 내용이 방대한지라 한 호흡으로 가기엔 무리가 있을 것이다. 급하게 마음먹지 말고, 쉬엄쉬엄 곱씹어가며 읽으면, 누구나 큰 부담 없이 모든 내용을 소화할 수 있으리라 생각한다.

01 | 머신러닝의 정의

같은 듯 다른 인공지능과 머신러닝

머신러닝이 무엇인지 정의부터 다시 한번 확인하자. 다음은 두산 백과의 정의다.

머신러닝[Machine Learning, 기계학습]

인공지능의 연구 분야 중 하나로, 인간의 학습 능력과 같은 기능을 컴퓨터에서 실현하고자 하는 기술 및 기법이다.

머신러닝 또는 기계학습은 컴퓨터 과학 중 인공지능의 한 분야로, 패턴 인식과 컴퓨터 학습 이론의 연구로부터 진화한 분야이다. 머신러닝은 경험적 데이터를 기반으로 학습을 하고 예측을 수행하고 스스로의 성능을 향상시키는 시스템과 이를 위한 알고리즘을 연구하고 구축하는 기술이라 할 수 있다. 머신러닝의 알고리즘들은 엄격하게 정해진 정적인 프로그램 명령들을 수행하는 것이라기보다, 입력 데이터를 기반으로 예측이나 결정을 이끌어내기 위해 특정한 모델을 구축하는 방식을 취한다.

다음은 위키피디아의 정의다.

기계학습(機械學習) 또는 머신러닝(영어: Machine Learning)은 경험을 통해 자동으로 성능을 향상시키는 컴퓨터 알고리즘의 연구이다. 인공지능의 한 분야로 간주된다. 컴퓨터가

학습할 수 있도록 하는 알고리즘과 기술을 개발하는 분야이다. 가령, 기계학습을 통해서 수
신한 이메일이 스팸인지 아닌지를 구분할 수 있도록 훈련할 수 있다.

좀 알쏭달쏭하다. 정확히 무슨 의미인지 이해하기가 쉽지 않다. 다만 인공지능과
머신러닝은 약간 다른 개념인 듯하다. I 장에서 설명한 것처럼 사실 두 기술은 목적
과 지향점이 분명히 다르다. 당연히 연구 주제도 서로 다르다. 인공지능은 '인공적
으로 인간의 지적 능력을 구현하는 것'을 목표로 하고, 머신러닝은 '학습을 통해 성
능을 향상시킬 수 있는 기계 시스템을 구현하는 것'을 목표로 한다. 앞서 말한 것처
럼 현재 주목받고 있는 인공지능 기술은 엄밀히 말하면 머신러닝 기술이다. 그중에
서도 딥러닝 기술이 핵심이다.

머신러닝에서 컴퓨터가 '학습'을 한다는 것은 아래 중 어떤 의미일까?

① 스스로 생각한다.   ② 훈련을 받는다.

조금 풀어서 질문하자면, 요즘 우리가 말하는 '인공지능이 학습을 한다.'라는 표현은 '① 컴퓨터가 스스로
생각하고 공부를 한다.'라는 뜻일까, 아니면 '② 강아지가 훈련을 받듯 기계가 훈련을 받는다.'라는 뜻일까?
이 질문은 지금의 AI가 '자기 주체성이 있는가, 창의적으로 사고하는가'에 대한 질문이다. 이 책 전체를
관통하는 질문이기도 하다. 이 책을 다 읽고 나면 여러분은 자연스럽게 이에 대한 답을 얻을 것이다.

일차함수의 등장

III

02

머신러닝의 시작은 간단한 수식으로부터

지금부터 소개하는 내용은 다소 지루할 수도 있다. 하지만 어렵지 않게 간소화했고, 내용을 최대한 압축했으므로 꼭 이해하고 넘어가길 바란다. 간단한 내용이지만, 이 내용을 이해해야만 뒤 내용들을 이해할 수 있다.

$$y = ax + b$$

드디어 수식이 등장했다. 참고로 필자도 수포자였다. 수학 점수 때문에 희망 대학을 몇 단계나 낮춰야 했던, 수학 앞에만 서면 작아지는 사람이었다. 그러나 인공지능을 공부하면서 수학을 시험이 아닌 생활의 일부로, 우리가 사는 세상을 표현하는 또 다른 방법으로 받아들이면서 보니 그렇게 두렵고 대단한 존재도 아니었다. 여러분 중에도 수포자가 있을 것이고, 이러한 수식을 보는 것 자체가 스트레스인 사람도 있을 것이다. 걱정하지 마시라. 이 책은 중학교 1~2학년 수준이면 다 이해할 수 있는 범위를 절대 벗어나지 않는다. 중학교 수준을 벗어나는 수식이 나오긴 하지만, 중학생 수준이면 이해할 수 있게 풀어 설명할 예정이다. 다시 수식으로 돌아가보자.

$$f(x) = ax + b$$

첫 등장한 수식은 중학교 때 배운 일차함수이고, 이번의 수식은 y를 $f(x)$로 바꾼

것뿐이다. 이 수식이 x에 대한 함수(function)임을 드러내기 위해 이렇게 표현한다. 머신러닝에서는 이것을 아래처럼 표현한다.

$$H(x) = wx + b$$

'f' 대신 'H'를 쓰는 이유는 함수의 의미보다 수식이 가설(Hypothesis)을 표현함을 강조하기 위해서다. 함수식 $f(x)=ax+b$에서 a, b는 별다른 의미없이 단순히 알파벳 첫 번째, 두 번째 글자를 사용한 것인데, 가설식 $H(x)$에서 w와 b는 이유가 있다. w는 weight를 뜻하고, b는 bias를 뜻한다. 다음 페이지에서 살펴보자.

☐ 일차함수로 시작하는 머신러닝

수학에서는

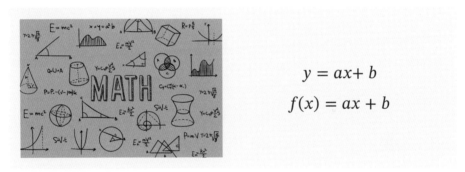

$$y = ax + b$$
$$f(x) = ax + b$$

머신러닝에서는

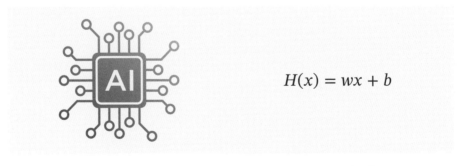

$$H(x) = wx + b$$

H는 가설(Hypothesis), w는 가중치(weight), b는 편향(bias)을 뜻한다.

가설식의 의미
세상을 수식으로 표현한다

$$H(x) = wx + b$$

이런 가설식을 보여주는 이유는 머신러닝이 세상 대부분의 현상을 이와 같은 수식으로 표현하고, 여기에서부터 학습을 시작하기 때문이다. 머신러닝은 세상의 현상들을, 적어도 세부적인 단위까지 파고들어가면 $wx+b$ 형태의 수식으로 표현할 수 있다는 가정에서 출발한다. 대략 근사치가 될지라도 이와 같은 식으로 표현될 수 있다고 보는 것이다.

실제 이 가정은 현실에서 매우 유효하다. 아주 많은 경우에 대해 이를 적용할 수 있다. 구름이 많아지면 비가 오고, 물건을 많이 사면 돈이 많이 들고, 운동을 많이 하면 건강해지고, 공부를 열심히 하면 성적이 올라가고, 절약하면 돈이 모이고, 통화를 많이 하면 전화기가 뜨거워진다. 의외로 이렇게 많은 일이 단순한 수식으로 표현될 수 있다. 구름의 양과 비의 관계, 물건 구매량과 돈의 관계, 운동량과 건강 수준의 관계들이 $y=wx+b$ 형태의 수식으로 즉, x와 y 사이의 관계 형태로 단순하게 표현될 수 있는 것이다.

앞에서 예로 들었던, 질병 예측 사례로 돌아가 보자. 의사가 갖고 있는 환자들의 데이터를 분석해, 고혈압이 발병할 가능성이 높은 환자를 예측하고자 한다. 이때 먼저 고혈압 발생에 영향을 미치는 원인들, '식습관은 어떤지, 체중은 얼마나 나가는지, 평소 운동량은 어떤지'와 같이 문제에 영향을 주는 요소들을 선별해 x_1, x_2, x_3

등과 같이 변수로 표현한다. 각 변수가 문제 발생에 얼마나 큰 영향을 미치는지 중요도를 고려해 반영할 수 있도록 각 변수에 w_1, w_2, w_3와 같이 가중치를 곱하고, 이 항들의 합을 구해 우리가 원하는 문제의 답을 알아내는 방식이었다.

'식습관이 좋지 않고 체중이 많이 나가면 고혈압에 걸릴 가능성이 높다.'라는 현상을 이와 같이 수식으로 표현할 수 있는 것이다. x가 하나인 기본 가설식이나 여러 개인 다항식이나 똑같은 일차함수다. 문제에 영향을 주는 요소가 여러 개이기 때문에 변수 x도 여러 개를 쓰는 것뿐이다.

단순화하기는 했지만, 이런 방법으로 데이터로부터 우리가 원하는 답을 구할 수 있다. 식에서 b는 bias, 편향성이라고 한다. 데이터가 전체적으로 얼마나 치우쳐져 있는지 그 경향적 특성을 표현하기 위한 상수 정도로 이해하면 좋을 것 같다.

☐ 수식으로 표현되는 단순한 현상들

$$H(x) = wx + b$$
$$y = w_1x_1 + w_2x_2 + w_3x_3 + \cdots + w_nx_n + b$$

소비와 지출의 관계, 운동과 건강 사이의 관계 등 세상에서 일어나는 많은 현상을 위와 같은 수식으로 표현할 수 있다.

04

가중치 구하기의 어려움
머신러닝이 최적의 가중치 조합을 찾아내다

우리가 문제의 답을 찾기 위해 현상을 수식으로 표현하는 과정에서 문제의 원인, 즉 변수들을 뽑는 것은 상대적으로 용이한 편이다. 그런데 이 변수들에 대한 가중치들을 구하는 것이 쉽지 않다. 어떤 조합으로 구성해야 제대로 된 예측값이 나올지 알아내기가 쉽지 않다.

한번 생각해 보자. 식습관, 체중, 운동량, 흡연, 음주. 과연 이 중 어떤 것이 더 중요하고 어떤 것이 덜 중요할까? 더 중요하다면 얼마나 더 중요하고 덜 중요하다면 얼마나 덜 중요할까? 또한 식습관이라는 데이터에는 육류 섭취, 채소 섭취 등에 관한 습관 정보가 담겨 있을까? 식사량도 반영돼 있는 걸까?

복잡한 문제다. 이것을 위해 별도의 연구를 진행하고, 그 결과를 다각도로 검증해 계속적으로 보완을 해도 성능 좋은 예측식을 찾기가 어렵다. 게다가 가능하면 변수를 많이 사용해야 좀 더 정답에 가까운 결과를 얻을 수 있을 텐데, 변수가 많아지면 가중치가 구성되는 경우의 수가 더 많아지기 때문에 최적의 조합을 찾기가 더 어려워진다. 이 어려운 작업을 컴퓨터에게 시키는 것이 바로 머신러닝이다.

가중치가 설정될 수 있는 수많은 조합에 대해 무수히 많은 실험을 반복하도록 컴퓨터에게 시킨다. 이처럼 정답에 근접한 가중치 조합을 기계가 자동으로 찾아내도록 하는 것, 이것이 바로 머신러닝이다. 변수가 하나이면 1개의 가중치를, 10개이면 10개의 가중치 조합을, 100개이면 100개의 가중치 조합을 찾는 것이다.

사실 $H(x)=wx+b$와 같은 일차함수는 기본형이다. 변수(x)가 하나인 식은 현실의 다양한 문제들을 제대로 해결하기에 너무 단순하다. 그래서 각 상황에 적합한 여러 형태의 응용식들이 존재한다. 아래에 예시로 든 여러 수식들이 머신러닝의 대표적인 가설식들이다. 한번 유심히 살펴보길 바란다. 해석할 필요는 없고, 그냥 모양만 한번 보고가자. 모두 $wx+b$를 근간으로 하고 있는 것을 확인할 수 있다. 이외에도 머신러닝 연구자들이 다양하고 복잡한 현실 문제들을 해결하는 데 적합한 응용식들을 계속 연구해 발표하고 있다.

☐ 찾기 어려운 가중치

$$y = w_1x_1 + w_2x_2 + w_3x_3 + \cdots + w_nx_n + b$$

만약 기본 가설식을 $H(x) = wx + b$로 설정했다면 가중치가 1개이므로 한 가중치에 대해서만 적절한 값을 찾으면 되고, 위 예시와 같이 변수를 여러 개 설정했다면 w_1, w_2, w_3와 같이 여러 가중치들에 대한 적절한 조합을 찾는다. 머신러닝이 적정 가중치값을 찾아가는 간단한 모습을 뒤에서 확인할 수 있다.

☐ 인공지능이 학습에 사용하는 다양한 수식들

$$wx + b \qquad \frac{1}{1+e^{-WX+b}} \qquad \begin{matrix} X_1W_1 + b_1 \\ X_2W_2 + b_2 \\ X_3W_3 + b_3 \end{matrix}$$

$$XW + b$$

$$W(W'X) + b$$

$$W_{hy}(tanh(W_{hh}h_{t-1} + W_{xh}x_t))$$

$$\hat{y}_t = \text{Softmax}(W_y\tilde{s}_t + b_y)$$

이 수식들은 현재 인공지능 기술을 대표한다. 선형회귀, 다항 선형회귀, 이진분류, 다중분류, 딥러닝, RNN 등이다. 기본식들의 일관된 모양을 보기 위해 수식의 일부 구성은 생략하거나 단순화했다.

선형회귀
머신러닝의 가장 기초 모델

이제 컴퓨터가 학습하는 원리를 좀 더 구체적으로 살펴보자. 앞에 이어 따분해 보이는 그림이 또 나왔다. 하지만 50~57쪽까지는 꾹 참고 읽어서, 반드시 이해하고 넘어가길 당부 드린다. 이 부분만 확실히 이해하면 나머지 페이지의 수식들은 대충 넘어가도 된다. 다시 한번 말하지만 절대 어렵지 않다.

사과를 1개 사면 1원, 2개 사면 2원, 3개 사면 3원이라고 하자. 이것을 도표로 표현하면 옆 페이지의 그림과 같이 될 것이다. 그림의 점들을 연결하면 직선이 된다. 이처럼 어떤 현상을 선형적으로 표현할 수 있을 때 이를 linear regression, 선형회귀라고 한다. 이 직선을 수식으로 표현하면 어떻게 될까? 그렇다. $y=1 \times x+0$이다. 앞에서 얘기한 가설식의 기본형, $y=wx+b$와 형태가 같은 일차함수다.

이 조건에서 사과를 5개 사면 얼마일까? 여러분은 너무도 쉽게 5원이라고 예측할 수 있다. 그런데 아무런 판단력이 없는 컴퓨터, 즉 기계는 이런 쉬운 문제조차 맞힐 수 없다. 그래서 사람이 컴퓨터에게 일단 기본 가설식을 제시하고, 그 식을 기반으로 컴퓨터가 답을 내보도록 한다. 여러 가지 가설식이 있지만 여기에서는 어렵게 고민할 필요 없이 기본 형태의 식, $H(x)=wx+b$를 가설식으로 줬다. 결과적으로는 사과 5개의 5라는 숫자를 x에 입력했을 때, 사과값은 5원이라는 예측치가 $H(x)$ 값으로 산출되면 된다. 그런데 여기에서 아직 아무런 사전 정보를 받지 못한 컴퓨터, 즉 학습되지 못한 인공지능은 당연히 제대로 된 답을 낼 수 없다. 전혀 엉뚱한 답을 낼 것이다.

엉뚱한 답을 내는 컴퓨터에 우리가 시켜야 할 일은 무엇일까? 우리가 갖고 있는 데이터, 즉 $x=1$일 때 $y=1$, $x=2$일 때 $y=2$, $x=3$일 때 $y=3$이라는 데이터를 제공하고, 현재 설정된 가설식에 대입해서 컴퓨터가 최적의 w와 b를 찾아가도록 하는 것이다. 우리가 이미 알고 있는 것처럼 정답에 해당하는 수식은 $y=1×x+0$이므로, 이 작업이 잘 이뤄지면 컴퓨터는 w를 1, b를 0으로 설정할 것이다.

어떤 이는 컴퓨터가 계산을 얼마나 잘하는데 1원짜리 사과 5개의 값을 계산할 수 없다고 말하느냐고 의문을 품을 수 있다. 컴퓨터의 계산기는 어떤 연산을 수행할지 사람에 의해 이미 프로그래밍이 돼 있다. 즉시 5라는 값을 출력할 수 있다. 그런데 가설식으로 우리가 하려는 것은 계산기 프로그램을 사용하는 것이 아니다. 계산 규칙은 주지 않고, 단순히 1일 때 1, 2일 때 2, 3일 때 3과 같은 데이터만 주고 5일 때에는 얼마인지를 추측하는 기능을 구현하려는 것이다.

☐ 사괏값을 알아맞히는 인공지능

$$H(x) = wx + b$$

x	y
1	1
2	2
3	3

$$y = 1 \times x + 0$$

이 예제의 경우 1×5로 계산하면 되는 단순한 것이지만, 머신러닝 모델로 예측하려는 문제들은 대부분 복잡도가 높기 때문에 그냥 계산기로 계산할 수 없어 확률적으로 추측해야 한다. 이미 기존 컴퓨터로도 해결할 수 있는 단순한 문제, 단순한 기능들이라면 굳이 머신러닝으로 고생스럽게 새로이 만들 이유가 없다. 기존 방법으로 답을 찾을 수 없는 복잡한 문제에 대해, 답을 최대한 근사치로 뽑아낼 수 있는 최적의 수식을 찾아내는 것이 일반적으로 머신러닝의 목표다.

06

손실 비용 산출
현재 가설식이 얼마나 틀렸는지를 알려주자

컴퓨터가 w와 b의 최적 설정값을 찾아가는 과정을 따라가보자. 처음에 컴퓨터는 가설식 이외에 아무런 정보가 없으므로 w와 b를 랜덤값으로 설정한다. 54쪽 그림의 예시에서 도표의 파란선이 컴퓨터가 랜덤하게 설정한 식을 예를 들어 표현한 것인데, 대략 $w=0.3$, $b=1.2$ 정도로 설정한 상황이다. $y=1 \times x+0$이어야 하는데 현재 $y=0.3x+1.2$를 가설식으로 갖고 있으므로 당연히 기대하는 결과가 아니다.

그럼 이제 우리는 컴퓨터에게 무엇을 시켜야 할까? 틀렸다는 사실을 알려주고 맞는 답을 찾아갈 수 있도록 안내해야 한다. 그럼 틀렸다는 것은 어떻게 알려줄 수 있을까? 정답 데이터, 즉 각 x에 대한 y 값들(1일 때 1, 2일 때 2, 3일 때 3)과 가설식이 산출한 $H(x)$ 값들(1일 때 약 1.5, 2일 때 약 1.8, 3일 때 약 2.1)의 차이를 보여줘서 '얼마나 틀렸는지'를 알려줄 수 있다. 즉 $H(x)-y$를 구하는 것이다. 이것을 cost 또는 loss라고 한다. 많이 틀리면 그만큼 비용 또는 손실이 발생하므로 이런 용어를 쓴다고 보면 되겠다.

54쪽 아래에 있는 식들이 cost를 구하는 과정을 수식화한 것이다. 이 3개의 수식들은 표현 방법이 다를 뿐 모두 같은 내용이다. 두 번째 수식은 각 좌푯값 하나하나를 모두 표현해 $H(x)-y$를 풀어 쓴 것이고, 세 번째 수식은 두 번째 수식을 좀 더 세련되게 고급 기호로 표현한 것이라고 보면 되겠다.

두 번째 수식을 보면 각 항에 제곱이 들어간 것을 볼 수 있다. 왜일까? 위 그래프에서 가설식이 얼마나 틀렸는지를 잘 알려주려면 손실 비용(빨간 선)들이 온전히 더해져야 한다. 그런데 $x=1$일 때에는 손실 비용이 양수, $x=2$와 $x=3$일 때에는 음수라서 단순하게 그냥 더하면 서로 상쇄돼 제대로 된 cost를 구할 수 없다. 그래서 아래와 같이 각 항을 모두 제곱 처리해 더하는 것이다. 제곱 처리하는 또 다른 중요한 이유가 있는데, 이는 경사하강법을 설명할 때 등장한다.

☐ 손실 비용 산출하기

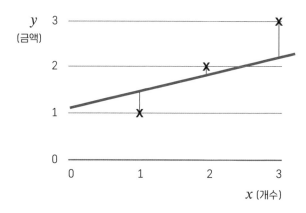

그래프의 점들은 일차함수 $y=1 \times x+0$의 데이터들이고, 파란색 선은 가설식인 $H(x)=wx+b$가 현재 설정한 w, b의 값을 표현한 그림이다. 대략 $y=0.3x+1.2$ 정도로 w와 b를 설정한 예시다.
손실 비용 산출이란 개념적으로는 '예측값과 정답의 차이(예측값-정답)'를 구하는 것이다.

$$H(x) - y$$

$$\frac{(H(x^{(1)}) - y^{(1)})^2 + (H(x^{(2)}) - y^{(2)})^2 + (H(x^{(3)}) - y^{(3)})^2}{3}$$

$$cost = \frac{1}{m} \sum_{i=1}^{m} (H(x^{(i)}) - y^{(i)})^2$$

07 경사하강법

인공지능 학습의 출발점

앞에서 도출한 cost 수식을 그래프로 표현하면 56쪽 그림과 같이 밥그릇 모양이 된다. 세로축은 cost값이고 가로축은 w값이다. 친숙함을 느끼는 사람도, 고개를 절레절레 젓는 사람도 있을 것 같은데 우리가 중학생 때 배운 이차함수 그래프다. 필자도 저런 그림들이 부담스러웠다.

이 그림을 놓고 볼 때 우리가 해야 할 일은 무엇일까? 바로 컴퓨터가 cost=0인 w값을 찾도록 해주는 것이다. 그림의 경우 컴퓨터가 랜덤하게 설정한 w는 대략 3.3이므로, 그래프에서 확인할 수 있는 것처럼 cost가 0에 가까워지도록 하려면 w를 왼쪽으로 이동시켜야 한다. 반대로 만약 컴퓨터가 w=-2로 설정한 상태라면 오른쪽으로 많이 이동하도록 해줘야 할 것이다.

이런 작업을 어떻게 자동으로 수행하게 할 수 있을까? 바로 해당 지점에서의 기울기를 이용하면 된다. 기울기를 구해 양수이면 왼쪽으로, 음수이면 오른쪽으로 움직이도록 하면 된다. 즉 w=4일 때에는 기울기가 큰 양수이므로 왼쪽으로 많이 이동시키고, w=0.3일 때에는 기울기가 작은 음수이므로 오른쪽으로 약간 이동시키는 것이다.

그렇다면 이차함수 그래프에서 특정 지점의 기울기는 어떻게 구할 수 있을까? 바로 미분을 사용하면 된다. 이런 방법을 수식화한 것이 그림 아래에 있는 수식이다. 컴퓨터가 이 수식을 사용해 cost가 0이 될 때까지 w를 계속 이동시키면 되는 것이다. 미분을 전혀 몰라도 상관 없다. 미분 공식을 이용하면 밥그릇 모양의 그래프에서 특정 지점의 기울기를 구할 수 있다 정도만 알면 충분하다. 설령 개발자나 개발자 지망생이라 할지라도 미분 기능은 인공지능 프로그래밍 도구에 기본적으로 갖춰져 있기 때문에, 미분을 몰라도 인공지능 서비스를 만드는 데 아무 지장이 없다.

이와 같은 방법으로 cost가 0에 가까운 지점을 찾아가면 이 예제에서 w는 얼마가 될까? 바로 우리가 기대했던 1에 수렴한다. 이것을 두고 '기울기를 이용해 차근차근 이동한다.'라고 해서 '경사 타고 내려가기' 알고리즘이라고 부른다. 이른바 '경사하강법'이다.

경사하강법을 이용해 cost가 0인 지점을 컴퓨터가 '자동으로' 찾아가는 행위를 '기계가 학습한다.'라고 표현하며, '학습이 끝났다.'라는 말은 'cost가 0에 가까운 w에 도착했다.'라는 것을 뜻한다.

앞에서 cost 식을 만들 때 각 항을 제곱 처리했는데, 이를 통해 얻을 수 있는 또

☐ 경사를 타고 내려가 학습을 마치는 알고리즘

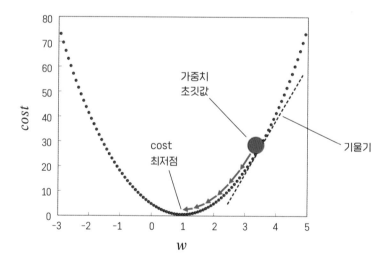

$$w := w - a\frac{1}{m}\sum_{i=1}^{m}(wx^{(i)} - y^{(i)})\,x^{(i)}$$

w를 자동으로 이동하게 하는 식

하나의 이점이 바로 경사하강법을 사용할 수 있게 된다는 것이다. 제곱 처리를 하면 cost 식이 경사하강법을 적용할 수 있는 이차함수, 즉 밥그릇 모양의 함수로 만들어진다.

사실 cost 식을 그래프로 표현하는 데 있어 w와 b를 둘 다 표현하면 아래와 같이 3차원의 바가지 모양 그림으로 표현된다. 이해를 쉽게 하려고 w만 가지고 설명한 것이다.

정리하면 '기계가 학습한다.'라는 행위는 결국 문제 해결에 적합한 예측식의 가중치를 컴퓨터가 자동으로 찾아가는 행위, 즉 데이터를 보면서 컴퓨터가 예측식의 정확도를 높여가는 과정을 말한다. 단순한 원리이지만, 이 기술 덕분에 종종 컴퓨터가 특정 문제의 답을 사람보다 더 정확하게 내고 있다. 사람보다 더 일을 잘하는 자동화 기계를 만들 수 있게 된 것이다.

이것이 머신러닝 기술의 핵심 원리다. 최대한 쉽게 설명하려 노력했지만 그래도 어렵게 느낀 사람이 있지 않았을까 염려스럽다. 혹여 어려웠다면 50~57쪽의 내용만 다시 한번 읽어 꼭 이해하고 넘어가길 바란다. 누구라도 차근차근 곱씹으며 읽어보면 충분히 이해할 수 있다.

☐ w와 b를 모두 표현한 3차원 손실함수 그래프

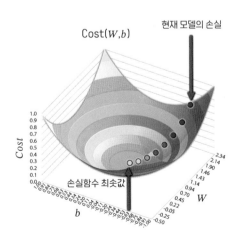

08

III

기계학습 실습해 보기
실제 코드로 확인하는 머신러닝 과정

지면이지만 간접적으로나마 머신러닝의 학습 과정을 체험해 보자. 이 페이지의 내용을 꼭 읽을 필요는 없지만 필자 입장에선 독자 여러분이 가볍게라도 한번 살펴보면 좋겠다. 글만 읽는 것보다는 실제 작동하는 모습을 보는 것이 이해하는 데 훨씬 도움이 된다. 아래 코드는 앞의 예시에서 사곳값을 예측한 머신러닝 코드다.

```
01  import tensorflow as tf
02
03  w = tf.Variable(tf.random.normal([1]), name='w')
04  b = tf.Variable(tf.random.normal([1]), name='b')
05
06  X = tf.Variable([1, 2, 3], dtype=tf.float32)
07  Y = tf.Variable([1, 2, 3], dtype=tf.float32)
08
09  hypothesis = lambda: w * X + b
10
11  cost = lambda: tf.reduce_mean(tf.square(hypothesis() - Y))
12
```

```
13 optimizer = tf.optimizers.SGD(learning_rate=0.01)

14

15 print("학습횟수  weight  bias  cost")

16 for step in range(2001):

17  optimizer.minimize(cost, var_list=[w, b])

18  if step % 100 == 0:

19      print(format(step, '4d'), " ", format(w.numpy()[0], '10.4f'), " ",
format(b.numpy()[0], '8.4f'), format(cost().numpy(), '10.5f'))

20

21 print("\n사과를 5개 사면?", format(hypothesis().numpy()[0] * 5, '5.3f'), "원")
```

이 간단한 몇 줄의 코드가 완성된 인공지능 프로그램이다. 그나마 위쪽 일곱 줄은 학습을 위한 변수들을 설정하는 내용이고, 아래쪽 중 어수선한 몇 줄은 결괏값 출력을 위한 코드들이다. 이 코드에서 실제 학습을 진행시키는 것은 아홉 줄, 즉 9번 줄에서 17번 줄이 다. 공백 빼고, 출력 문장 빼면 정확히는 다섯 줄, 9, 11, 13, 16, 17번 줄이 전부다.

9번 줄이 앞에서 배운 가설식 $y=wx+b$를 설정한 것이고, 11번 줄은 cost 계산 방법을 설정한 것이다. 'cost =' 뒤에 쓰인 내용은 앞서 '손실 비용 산출'(53쪽)에서 본 수식을 코드로 표현한 것이다. 13번 줄은 경사하강법 알고리즘을 정의한 것이고, 16~17번 줄은 이런 조건으로 실제 학습을 진행시키는 코드다.

여기에서는 2,000번의 학습을 진행하도록 명령했다. 즉 $x=[1,2,3]$, $y=[1,2,3]$이라는 주어진 데이터를 보면서 가설식의 w와 b를 수정하는 행위를 2,000번 수행하게 한 것이다. 18~19번 줄은 학습 중에 cost값과 가중치, bias가 어떻게 변하는지를 보기 위한 것인데, 2,000번을 모두 확인하면 너무 길어지므로 100번마다 한 번씩만 보여주게끔 했다.

이 코드를 실행하면 학습이 진행됨에 따라 가중치가 변하는 모습과 그에 따라 cost값이 감소하는 것을 확인할 수 있다. 아래의 QR 코드 또는 링크를 통해 실제 작동되는 모습을 확인해 보면 좋겠다.

☐ 머신러닝이 최적의 가중치를 찾아가는 코드 예제

사괏값 예측 실습

m.site.naver.com/1ci9E

구글 계정에 로그인해야 하는 번거로움이 있지만, 꼭 한번 해보길 바란다. 코드 첫 줄의 왼쪽에 있는 버튼을 눌러보자. 학습이 실행되는 것을 확인할 수 있다. (네트워크 차단 등의 문제로 링크가 열리지 않는 경우에는 스마트폰으로 들어가면 볼 수 있다. 참고로 MLFundamentals@gmail.com 계정은 개인이 사용하지 않는 실습 전용 계정이다.)

실습을 해볼 수 없는 이를 위해 결과만 보여주자면 아래와 같다. 학습할 때마다 산출되는 값은 조금씩 달라질 수 있다.

학습 횟수	weight	bias	cost
0	0.2162	-0.1885	3.4933
100	0.9547	0.1029	0.00152
200	0.9644	0.0809	0.00094
300	0.972	0.0636	0.00058
400	0.978	0.05	0.00036
500	0.9827	0.0393	0.00022
600	0.9864	0.0309	0.00014
700	0.9893	0.0243	0.00008
800	0.9916	0.0191	0.00005
900	0.9934	0.015	0.00003
1000	0.9948	0.0118	0.00002
1100	0.9959	0.0093	0.00001
1200	0.9968	0.0073	0.00001
1300	0.9975	0.0057	0.00000
1400	0.998	0.0045	0.00000
1500	0.9984	0.0035	0.00000
1600	0.9988	0.0028	0.00000
1700	0.999	0.0022	0.00000
1800	0.9992	0.0017	0.00000
1900	0.9994	0.0014	0.00000
2000	0.9995	0.0011	0.00000

사과를 5개 사면? 5.003원

09

III

다항 선형회귀
변수가 많아지면 다항식을 사용한다

이제까지 머신러닝의 기초 원리를 살펴봤다. 그런데 실제 현장에서 문제를 해결하다 보면 변수 즉, x를 하나만 사용하는 경우가 많지 않다. 대부분의 경우 x_1, x_2, x_3와 같이 많은 변수를 사용한다.

예를 들어 일기예보를 하려는 경우에 온도계, 기압계, 습도계, 풍속계, 우량계 등으로부터 수집된 데이터와 위성 영상, 레이더 영상 등 많은 정보가 활용된다. 교통 정체를 예측할 경우에도 각 도로의 구조적 특성 정보, CCTV와 각종 센서로부터 수집된 실시간 교통 상황, 과거의 정체 패턴, 날씨 정보, 도로 위의 사고 정보, 주요 행사 정보, 운행 중인 차량들로부터 수집된 GPS 정보 등이 활용된다. 주택 가격 변동을 예측하는 경우라면 학교·병원·마트 등 생활 필수 시설과의 접근성, 공원·녹지 등 자연 환경, 지역별 주택의 수요/공급 현황, 시장경제 상황 등 많은 정보를 고려하게 된다.

이렇게 우리가 일상 현장에서 해결해야 하는 복잡한 문제들 중 원인 요소를 딱 하나만 고려해도 충분한 경우는 거의 찾아볼 수 없다. 하나만 고려해도 답을 내볼 수는 있지만 대부분 여러 개를 사용해야 더 정확한 결과를 얻을 수 있다. 그래서 적게는 수 개에서 수십 개, 수백 개까지 변수를 설정한다.

변수가 많은 경우에는 다항식을 사용한다는 것을 앞에서 봤다. 62쪽에 있는 세 수식은 모두 같은 내용을 표현하는데, 첫 번째 식은 앞에서 본 다항식의 수식이고, 두 번째는 이를 매트릭스 곱 형태로 표현한 것이다. 매트릭스 곱을 안 배웠다면 두 번째 식의 좌측과 우측이 같은 내용이라는 것 정도만 이해하면 된다.

　다항식 형태로 표현하는 것이나 매트릭스 곱 형태로 표현하는 것이나 계산하는 내용과 방식은 똑같은데, 굳이 이와 같이 표현 형식을 달리한 이유는 변수가 매우 많을 경우, $x_1w_1 + x_2w_2 + x_3w_3 + \cdots$와 같이 나열하는 형태로 표현하는 것이 불편하고, 무엇보다도 매트릭스 곱이 컴퓨터로 처리하기에 용이한 형식이기 때문이다. 컴퓨터 프로그래밍 도구에는 이와 같이 표기할 경우 매트릭스 곱을 효율적으로 계산하는 연산이 이미 정의돼 있다. 머신러닝에서는 보통 두 번째 식의 매트릭스 곱을 세 번째 식과 같이 $H(x)=XW+b$ 형태로 표현한다.

☐ **원인 요소가 많은 다항식 형태의 가설식**

$$H(x_1, x_2, x_3) = x_1w_1 + x_2w_2 + x_3w_3$$

다항식 형태의 표현

$$(x_1 \ \ x_2 \ \ x_3) \cdot \begin{pmatrix} w_1 \\ w_2 \\ w_3 \end{pmatrix} = (x_1w_1 + x_2w_2 + x_3w_3)$$

매트릭스 곱 형태의 표현

$$H(X) = XW + b$$

머신러닝에서 주로 표현하는 형식

마지막 수식으로 $H(x)=XW+b$가 기재돼 있는데, 머신러닝에서 통상 대문자는 행렬을 뜻한다. 행렬이란 가로세로가 있는 데이터를 말한다. WX가 XW로 순서가 바뀌어 표기된 이유는 행렬 곱셈을 할 때 이 순서로 해야 우리가 의도하는 수식이 만들어지기 때문이다.

III

10 | 이진분류

둘 중 하나를 선택해야 하는 문제

x가 하나인 경우이든 여러 개인 경우이든 앞서 살펴본 선형회귀는 어떤 문제의 답을 수치 형태로 예측하는 방법이다. 예를 들어 일기예보라면 비가 올 확률 '63%', 교통 정체 예측이라면 '정체 지수 55', 주택 가격 변동을 예측한다면 전년 대비 단위 면적당 '28만원 상승'과 같은 식이다.

답을 구하는 두 번째 유형은 'O/X 형식'의 문제다. 두 가지로 주어진 선택지 중 어디에 해당되는지를 찾는 것이다. 내가 받은 이메일이 스팸인지 아닌지, 지금 이 환자가 암인지 아닌지, 주식이 오를 것인지 내릴 것인지, 생산된 제품이 불량인지 아닌지와 같이 둘 중 하나로 답을 선택하는 형식의 문제들이 이에 해당한다.

이처럼 둘 중 하나를 선택하는 방법을 이진분류, 영어로 Binary Classification이라 한다. 머신러닝에서는 이진분류를 위해 64쪽에 보이는 가설식을 사용한다.

'응? 이 수식은 뭐지? 우리가 공부한 $H(x)=wx+b$와 전혀 비슷하지도 않은데?'

좀 난해해 보이긴 한다. 그런데 이 수식도 기본형인 $wx+b$, 즉 선형회귀를 응용한 수식이 맞다. 선형회귀를 이진 형태로 바꾸려다 보니 모양이 부담스럽게(?) 변하기는 했는데, 수식 안에 표기된 $W^T X$가 바로 선형회귀식이다. b는 생략했다.

이진분류는 선형회귀식을 이용해 산출한 결괏값을 0에서 1 사이의 값으로 압축하고(64쪽의 수식은 이를 수학적으로 표현한 것), 압축된 값이 0.5보다 크면 1, 작으면 0으로 치환하는 방법으로 구현한다. 그래서 결괏값이 1이면 'O', 0이면 'X'로 결론을 내는 것이다.

잘 이해가 안 돼도 괜찮다. 대략 이렇다 정도만 알아도 된다. 중요한 건 앞에서 배운 학습 원리를 이용해 컴퓨터가 학습을 진행하도록 할 수 있느냐 하는 것인데, 좀 복잡한 방법이 사용되긴 하지만 이 수식에 대한 cost 함수도 밥그릇 모양으로 만들어진다. 그래서 '경사하강법 알고리즘'을 사용할 수 있다.

☐ 둘 중 하나를 골라야 하는 문제의 가설식

$$H(X) = \frac{1}{1+e^{-W^T X}}$$

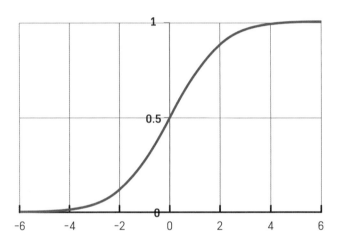

11

다중분류
여러 선택지 중 하나를 선택해야 하는 문제

선택지가 둘 중 하나인 경우, 즉 1 또는 0, 참 또는 거짓을 가리는 문제라면 이진분류를 사용하면 된다. 그렇다면 선택지가 여러 개일 때에는 어떻게 해야 할까?

선택지가 여러 개인 문제 또한 일상에서 매우 많이 등장한다. 예를 들어 음악 장르를 분류한다든지, 영화 감상평을 긍정/부정/중립 중 하나로 분류한다든지, 뉴스의 카테고리를 분류한다든지 하는 문제들이 해당한다. 교통 정체 예측도 소통 원활/지체/정체의 세 가지 범주로 답을 구한다면 다중분류 문제가 된다.

산업 현장에서 설비 고장을 탐지하는 문제도 정상/위험/고장 등의 여러 범주로 분류해 판단하는 경우가 많고, 의료 현장에서 환자가 어떤 병에 걸렸는지 진단하는 문제도 여러 선택지 중 하나를 고르는 문제에 해당한다. 이와 같이 셋 이상의 선택지, 즉 여러 클래스들 중 어디에 해당되는지 고르는 형태의 문제를 다중분류, 영어로는 Multiclass Classification 또는 Multi-label Classification이라 한다.

다중분류를 구현하는 방법은 '여러 이진분류를 세트로 묶어 하나처럼 사용한다.'라고 생각하면 이해가 쉽다. 무슨 말이냐 하면 각 클래스별로 이 클래스가 답인지 아닌지(이진분류)에 대해 예측값을 뽑고, 각 클래스별로 산출된 예측값들을 모아 서로 비교해 가장 큰 값을 가진 클래스를 답으로 선택하는 방식이다. 따라서 다중분류를 위해서는 66쪽에 정리한 것처럼 클래스 개수만큼의 식이 필요하다. 이 식들을 한 세트로 묶어 각 클래스가 답일 확률값들을 산출한다. 머신러닝에서는 이와 같은 처리를 위해 softmax라는 함수를 주로 사용한다. 머신러닝에서 다중분류를 위해 사용하는 대표적인 함수다.

머신러닝에서 사용하는 대표적인 기법 세 가지를 간략하게 설명했다. 이진분류, 다중분류에 대한 수학적 배경과 이론적 지식까지 자세히 이해하려면 사실 좀 더 많은 공부가 필요하다. 여기에서는 일단 이 정도만 살펴보고자 한다. 대략적인 내용만 알고 넘어가도 앞으로 다룰 주제를 이해하는 데에 문제가 없다. 중요한 점은 복잡해 보이는 이 기법들 모두가 앞서 설명한 밥그릇 모양의 cost 함수를 갖는다는 것이다. 그래서 경사 타고 내려가기, 즉 경사하강법 알고리즘을 사용해 컴퓨터에 학습을 진행시킬 수 있다. 간단히 말해 이들은 모두 '똑같은 원리'로 학습한다.

☐ 여러 선택지 중 하나를 고르는 문제를 풀기 위한 가설식

$$
\begin{bmatrix} y_1 \\ y_2 \\ y_3 \end{bmatrix} = \text{softmax} \begin{pmatrix} W_{1,1}\,x_1 + W_{1,2}\,x_2 + W_{1,3}\,x_3 + b_1 \\ W_{2,1}\,x_1 + W_{2,2}\,x_2 + W_{2,3}\,x_3 + b_2 \\ W_{3,1}\,x_1 + W_{3,2}\,x_2 + W_{3,3}\,x_3 + b_3 \end{pmatrix}
$$

이를 다항 로지스틱 회귀(Softmax 회귀)라 한다.

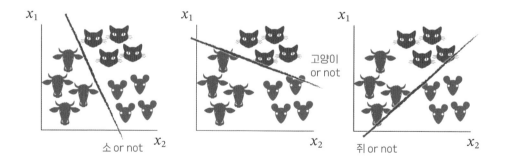

소, 고양이, 쥐라는 세 가지 클래스 중 어디에 해당하는지 판별하는 다중분류의 예시다. 이처럼 각각 이진분류를 진행한 결과를 취합해 가장 높은 확률값의 클래스를 선택하는 방식으로 처리한다.

III

12 그림을 읽는 컴퓨터
이미지를 인식하는 머신러닝 기술

사람보다 더 그럴 듯하게 컴퓨터가 그림을 그려내는 세상이니, 컴퓨터가 사진을 판독하는 일은 이제 너무 시시한 일이 돼버렸는지도 모르겠다. 컴퓨터가 동물 사진을 보고 어떤 동물인지 판단한다든지, 꽃 사진을 구분한다든지 하는 일들은 이제 인공지능이 할 수 있는 너무 당연한 일이 된 것 같다. 그런데 이것이 어떤 원리로 구현되는지 정확히 이해하고 있는 사람은 많지 않은 것 같다.

일반인이 보기에는 별로 대단하지 않은 일처럼 여겨졌는지 모르겠지만, 컴퓨터 공학을 전공한 사람으로서 필자는 컴퓨터가 그림을 판독한다는 행위가 어떻게 가능한지 도무지 이해가 되지 않았다. 그동안 우리가 알아온 컴퓨터라는 것은 '사전에 프로그래밍된 내용에 따라 규칙 기반으로 작동하는 기계'다. 그런데 사진이나 그림은 무한한 다양성을 지닌 창작물이기 때문에, 그 안에 단순화할 수 있는 규칙이라는 것이 사실상 없다. 설령 있다 해도 그런 규칙을 발견한다는 것이 쉽지 않을 텐데, 컴퓨터가 그림의 내용을 읽어낼 수 있는 규칙을 어떻게 만들었다는 것인지 납득이 가질 않았다. 사실 이 점이 너무 궁금해서 인공지능을 작정하고 공부하게 된 계기가 되기도 했다. 지금 이 책을 읽는 독자 분들 중에도 분명 그림을 읽는 인공지능이 어떤 원리로 구현되는지 궁금해하는 사람이 있을 것이다.

인공지능이 그림을 읽는다는 건 과연 무슨 의미일까? 정말 컴퓨터가 이미지의 내용을 이해한다는 뜻일까? 아니면 이미지 파일의 데이터를 주어진 수식에 따라 처리하는 것뿐일까?

어느 정도 짐작하겠지만 컴퓨터가 실제로 그림을 이해하는 것은 아니다. 인공지능이라는 말이 혼선을 주긴 하지만, 지금의 인공지능 기술은 앞서 설명했듯 단지 기계학습 기술이기 때문에 스스로 이해하고 판단할 수 있는 능력이 전혀 없다. 그저 주어진 데이터를 활용해 적절한 가중치값들을 기계적으로 학습할 뿐이고, 학습이 완료된 수식에 입력 데이터를 적용해 결괏값을 충실히 출력할 뿐이다. 그럼, 인공지능이 이미지를 어떻게 인식하는지 그 방법을 구체적으로 알아보자.

☐ 컴퓨터가 그림을 읽는 일이 어떻게 가능할까?

그림에서 공통점이나 규칙을 찾는 것은 매우 어렵다. 컴퓨터는 어떤 규칙과 기준으로 판독하는 것일까?

☐ 고양이 사진을 판독하는 인공지능

컴퓨터가 이 사진들을 보고 고양이와 고양이가 아닌 동물을 구분하는 것이 과연 쉬운 일일까?

III
13 | MNIST 데이터세트
이미지 인식 모델을 위한 연습용 데이터

다음 페이지의 그림은 MNIST라고 불리는 이미지 데이터세트다. Modified National Institute of Standards and Technology database의 약자인데, 굳이 번역하자면 '수정된 국립표준기술연구소 데이터베이스' 정도가 되겠다.

이것은 손 글씨로 작성한 우편번호를 자동으로 인식할 수 있는 기계를 만들기 위해 미국에서 만든 학습용 데이터세트다. 아마도 우편물에 적힌 우편번호를 이용해 자동으로 우편물을 분류해 달라는 요구가 많았거나, 악필로 쓴 숫자를 해석하느라 애를 먹는 경우가 많아서, 이와 같은 손 글씨 숫자들을 자동으로 분류하는 기계를 만들 필요성이 컸던 게 아닐까 싶다. 머신러닝을 배우는 이들에게는 아주아주 유명한 데이터세트다.

MNIST 데이터세트는 70쪽 그림과 같은 손 글씨 숫자들 7만 개로 구성돼 있다. 이 중 1만 개는 테스트용으로 사용하기 위해 별도로 분리돼 있고, 6만 개가 실제로 학습에 사용된다. 테스트용 데이터가 별도로 구분돼 있어야 하는 이유는 학습 과정에 사용된 데이터를 테스트용으로 사용하면, AI 모델이 학습 중에 이미 답을 본 문제를 푸는 것과 같아 제대로 된 테스트가 이뤄질 수 없기 때문이다.

MNIST의 숫자 이미지 파일 하나를 열어보면 실제로 70쪽 아래 그림과 같이 구성돼 있다. 흑백 이미지는 보통 화소별로 0~255단계의 농도 정보만 들어 있다. 예시는 MNIST에 있는 6314번 그림인데, 보시다시피 '5'다. 이 표 형태의 그림은 필자가 해당 데이터의 파일을 열어, 보기 편하게 엑셀표에 붙여 넣은 것인데, 가장자리는 모두 0으로 설정돼 있고, 글씨가 있는 가운데의 픽셀에만 농도 정도에 따라 숫자 정보가 들어 있는 것을 확인할 수 있다. 이 경우는 0~255단계 사이의 값을 0~1 사이의 숫자로 환산해 표현한다.

☐ MNIST 데이터세트 예시

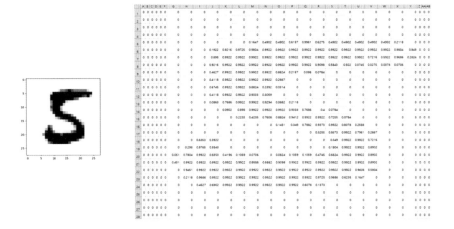

손 글씨를 자동으로 인식하는 기능을 구현하려고 미국에서 만든 학습용 데이터세트

III

14 | 이미지 인식하기
기초적인 머신러닝 기법을 사용한 이미지 인식

그럼, 손 글씨 숫자를 인식할 수 있도록 컴퓨터를 학습시켜 인공지능으로 만드는 방법을 살펴보자. 학습용 데이터는 MNIST 데이터세트를 사용한다. 지금 우리가 살펴보려 하는 예제는 텍스트가 아닌 '이미지'를 판독하는 인공지능이다. 손 글씨 숫자가 그려져 있는 '이미지'가 어떤 숫자를 표현하는지를 판독하려는 것이다.

우선 앞서 설명한 전통적인 머신러닝 기법 중 하나인 선형회귀 기반의 다중분류 방식을 이용하는 학습 방법을 보자. 72쪽 그림에서 보는 것처럼 MNIST 이미지는 가로세로 28×28, 즉 784개의 픽셀로 구성된다. 이 방법에서는 각각의 픽셀을 모두 변수 하나로 사용한다. 0번 픽셀은 x_0, 1번 픽셀은 x_1, 2번 픽셀은 x_2, 이런 식으로 마지막인 783번 픽셀은 x_{783}으로 이름을 붙여 총 784개의 변수를 갖는 선형회귀식을 만든다. 그런데 지금 우리가 구분해야 하는 선택지, 즉 분류해야 하는 클래스는 몇 개인가? 아래 답을 보지 말고 한번 맞혀보기 바란다.

주어진 숫자가 0부터 9까지 10개의 숫자 중 어떤 것에 해당하는지 구분하는 것이 목적이므로 클래스는 10개가 된다. 다중분류에서는 클래스 개수만큼의 식이 필요하므로, 그림의 수식과 같이 y_0부터 y_9까지 총 10개의 식을 만들어 한 세트로 사용한다. 그리고 softmax 함수를 사용해 10개의 식이 전달하는 확률값 중 큰 값의 클래스를 선택한다.

이와 같이 가설식을 만들어 컴퓨터에게 제공하고 학습을 시키면 컴퓨터는

60,000개의 데이터를 사용해 이 가설식에 있는 w들을 학습한다. 그렇다면 총 몇 개의 weight를 학습하는 걸까? 이것도 한번 맞혀보기 바란다.

☐ MNIST 이미지 파일 예시

0~9까지 10개의 숫자를 표현한다. 28X28 = 784개의 픽셀로 구성된다.

☐ 총 몇 개의 weight를 학습할까?

$$
\begin{bmatrix}
x_0 w_{A0} + x_1 w_{A1} + x_2 w_{A2} + \cdots + x_{783} w_{A783} = y_0 \\
x_0 w_{B0} + x_1 w_{B1} + x_2 w_{B2} + \cdots + x_{783} w_{B783} = y_1 \\
x_0 w_{C0} + x_1 w_{C1} + x_2 w_{C2} + \cdots + x_{783} w_{C783} = y_2 \\
x_0 w_{D0} + x_1 w_{D1} + x_2 w_{D2} + \cdots + x_{783} w_{D783} = y_3 \\
\vdots \\
x_0 w_{J0} + x_1 w_{J1} + x_2 w_{J2} + \cdots + x_{783} w_{J783} = y_9
\end{bmatrix}
$$

각 x 변수에 모두 w가 붙어 있고, 변수 784개를 갖는 식이 10개이므로 총 7,840개가 사용된다. '이미지 인식을 위한 가장 간단한 기법'인데도 이렇게 많은 weight가 사용된다. 사람이 수기로 weight들을 조사하고 연구해 최적의 조합을 찾아내는 것이 가능할까? 기계의 도움 없이는 불가능하다고 봐야 할 것이다.

☐ MNIST 이미지 분류하기 실습 예제

MNIST - 기초
m.site.naver.com/1ciUb

이 예제는 MNIST 데이터세트를 총 15번 반복 학습하도록 설정했다. 즉 60,000개의 데이터를 15번 반복해 보게 한 것이다. 마찬가지로 첫 줄에 있는 실행 버튼을 눌러 직접 학습을 진행해 보기를 바란다. (네트워크 차단 문제로 링크가 열리지 않는 경우에는 스마트폰으로 들어가면 볼 수 있다.) 실습 결과는 다음과 같이 출력된다.

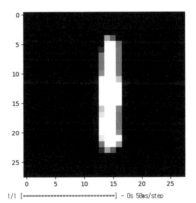

IV

딥러닝

지금까지 우리는 인공지능 기술을 이해하는 데 있어 가장 중요한 핵심 원리와 기술을 알아봤다. 사실상 인공지능의 기초 원리 중 절반 정도를 살펴본 것이나 다름없다. 이제는 현재 인공지능 기술의 꽃이라 할 수 있는 딥러닝이 무엇인지 알아보자. 딥러닝 기술은 컴퓨터 비전, 자연어 처리, 음성인식, 의료진단, 자율주행 등 현재 인공지능 기술이 사용되는 거의 모든 분야에서 활용되고 있다.

뉴런

뇌세포의 작동 원리를 수식으로 표현할 수 있을까?

지금까지는 머신러닝의 기초 원리를 공부했다. 이제 한 단계 더 들어가 보자. 뉴럴넷, 인공신경망에 대한 이야기다.

아래에 낯익은 그림이 보인다. 아마도 많은 사람이 학창 시절 과학 시간에 봤을 그림이다. 이 그림은 사람의 신경세포인 뉴런을 묘사한 것이다. 뉴런은 신경세포체와 수상돌기, 축삭으로 구성된다. 신경세포에 여러 가닥으로 붙어 있는 수상돌기들을 통해 여러 자극 신호들이 신경세포로 들어오고, 축삭은 신경세포가 보내는 자극을 다른 신경세포로 전달하는 역할을 한다.

☐ **뇌의 신경세포 '뉴런'의 구조**

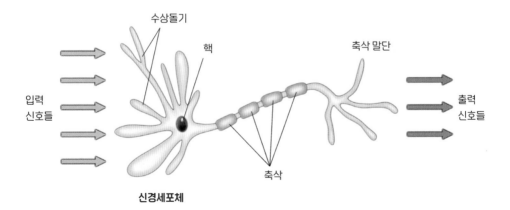

□ 퍼셉트론의 구조

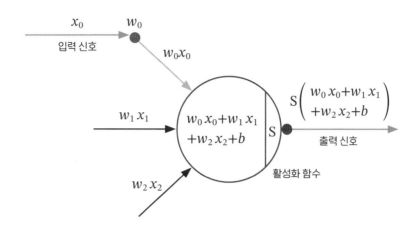

뉴런을 이용한 퍼셉트론의 구조를 도식화했다.

과학자들이 이 세포를 연구해 보니, 신경세포로 전달되는 여러 자극값들의 합이 일정 기준을 넘어서면 다음 세포로 전달되고, 못 미치면 그냥 소멸되는 방식으로 작동하고 있었다고 한다. 그런데 인공지능 연구자들이 그런 메카니즘이라면 기계로도 만들어볼 수 있지 않을까 생각했다. 위 그림을 보면 마치 뉴런 모양과 비슷하게 도식화한 모델을 볼 수 있다. 앞에서 배웠던 것과 유사한 수식들이 이 그림에 다시 등장한다. 바로 머신러닝을 위한 기본 가설식인 $wx+b$다.

이것은 뉴런의 기본 작동 메카니즘을 간단히 수식화해 표현한 것인데, 각각 가중치를 갖는 여러 자극(변수)값들을 합해 일정치 이상이 되면 출력을 활성화하고, 그렇지 못하면 비활성화하는 수식이다.

물론 이 식이 뉴런의 복잡한 작동 메카니즘을 모두 표현하지는 못하겠지만, 이를 기계적으로 구현할 수 있는 수식으로 표현했다는 점에 의미가 있다. (기능의 일부를 구현하거나 단순화했다는 한계가 있다고 해도 말이다.) 78쪽에 보이는 기계들은 이 수식을 실제 기계로 구현한 것들이다. 이와 같은 기계를 과학자들은 이미 1950년대에 만들었다.

☐ 퍼셉트론 머신 Mark I

퍼셉트론 알고리즘을 처음으로 구현한 머신

☐ 아달린과 마달린

스탠퍼드대학의 위드로 교수와 대학원생인 호프가 개발한 인공신경망

퍼셉트론
뉴런의 작동 방식을 인위적으로 모방한 모듈

뉴런을 본뜬 기계를 만들어 테스트해 보니 잘 작동했다고 한다. 80쪽의 그림을 살펴보자. 위 그림은 앞에서 본 뉴런을 도식화한 것이고, 아래 그림은 도식화한 뉴런을 이제까지 배운 머신러닝의 스타일로 좀 더 쉽게 표현한 것이다. 가운데 녹색 상자 안에 있는 수식을 보자. 이제 낯설지 않을 것 같다. 이 수식의 정체는 무엇일까? 앞에서 공부했던 다항 선형회귀식이다.

풀어서 설명하자면 여러 자극이 입력되는 것을 각각 하나의 변수로 생각해 $w_1 x_1$, $w_2 x_2 \cdots$ 의 형식으로 입력을 받고, 이를 합친 후 출력으로 내보낸다. 이 출력값이 일정값 이상이면 다음 셀로 전달하고, 그렇지 않으면 출력을 소멸하는 구조의 모듈이다. 이런 입출력 구조를 갖는 모듈을 퍼셉트론이라고 부른다. 뉴럴넷, 인공신경망을 구성하는 단위 모듈이다.

그럼 이 모듈을 학습 모델의 기본 가설식이라 생각하고, 이 모듈이 머신러닝의 학습 모듈로 잘 작동할 수 있는지, 인공지능의 기초 모듈로서 활용 가치가 있는지 등을 확인해 보자.

과학자들은 이 점을 확인하기 위해 이 모듈이 컴퓨터의 기초 연산인 AND 연산과 OR 연산을 학습할 수 있는지 테스트했다고 한다. AND, OR 연산을 간단히 설명하자면, 이 연산자들은 두 개의 입력(x_1, x_2)을 갖는데, AND 연산자는 두 입력이 모두 1일 때에만 1을 출력하고, OR 연산자는 입력값이 둘 중 하나만 1이어도 1을 출력한다. 81쪽의 논리연산 진리표를 참고하면 이해가 쉬울 것 같다. 간단한 연산자이지만 이것이 컴퓨터를 구현하는 가장 기초 연산자다. 우리가 이용하고 경험하는 컴퓨터와 스마트폰, 인터넷 등 디지털의 모든 혜택이 이 연산자들로부터 시작된다.

퍼셉트론이 AND 연산이나 OR 연산을 수행할 수 있는지 확인하는 것은 실제 구현된 기계가 기초 기능을 수행할 수 있는지 확인한다는 의미가 있다. 이 연산들은 컴퓨터에게 주어지는 가장 원초적인 과제이기 때문에, 인공지능 모듈이라면 당연히 이 기능을 구현할 수 있어야 더 복잡한 문제 해결에도 쓸 수 있을 것이라 생각한 게 아닌가 싶다. 퍼셉트론이 어떻게 이 연산들을 학습하는지는 82쪽에서 알아보자.

☐ 퍼셉트론을 구현하는 가설식

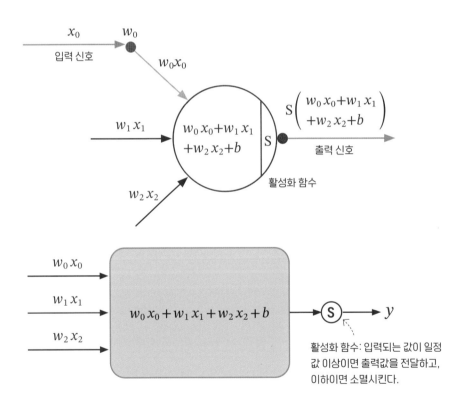

☐ AND 연산, OR 연산 진리표

AND			OR		
x_1	x_2	x_1 AND x_2	x_1	x_2	x_1 OR x_2
0	0	0	0	0	0
0	1	0	0	1	1
1	0	0	1	0	1
1	1	1	1	1	1

퍼셉트론 검증하기 ①
AND 연산과 OR 연산의 구현

　　퍼셉트론이 AND 연산이나 OR 연산을 학습할 수 있는지 확인하는 것은 논리연산 진리표를 데이터로 주고 이를 반복적으로 학습하도록 한 후, 같은 조건으로 입력값을 주면서 이에 대한 출력값이 진리표와 동일하게 출력되는지 확인하면 된다.

　　좀 더 자세히 살펴보자. AND 연산을 구현하고자 한다면 퍼셉트론은 x_1, x_2의 입력값이 모두 1일 때 1을 출력하는 가설식 $H(x)=w_1 x_1 + w_2 x_2 + b$를 찾아내면 되고, OR 연산을 구현하고자 한다면 x_1, x_2의 입력값이 둘 중 하나만 1이어도 1을 출력하는 가설식 $H(x)=w_1 x_1 + w_2 x_2 + b$를 찾아내면 된다. 각자의 조건을 충족하는 w_1, w_2, b의 조합들을 찾아내면 되는 것이다.

　　더 직관적으로 살펴보기 위해 AND 연산, OR 연산을 그래프로 표현한 그림을 보자. 가로세로 축을 각각 x_1, x_2로 하는 그림인데, 두 값의 입력 조건에 따른 출력값들이 각각 그래프에 매핑돼 있는 것을 볼 수 있다. 우리는 x_1, x_2의 입력 조건에 따라 결괏값이 0이 나오는 그룹과 1이 나오는 그룹을 분리하는 수식을 찾아내면 된다. AND 연산, OR 연산에 대해 각각 그림에 표시된 점선과 같이 표현될 수 있는 가중치 조합, 즉 w_1, w_2, b의 조합을 갖춘 수식 $H(x)$를 찾아내면 되는 것이다.

　　앞 장에서 사곳값을 예측하는 모델을 학습시키기 위해 우리가 어떻게 했는지 상기해 보자. 1개일 때 1원, 2개일 때 2원, 3개일 때 3원이라는 데이터를 주고, 이 데이터세트가 갖는 입력값과 결괏값의 수식적 조건을 맞힐 때까지 가설식을 학습시켰다. 같은 방법으로 진행하면 된다. $H(x)=w_1x_1+w_2x_2+b$를 가설식으로 주고, AND 연산을 학습시킬 때에는 AND 연산에 대한 진리표, 즉 $x_1=0$이고 $x_2=0$일 때 $y=0$, $x_1=0$이고 $x_2=1$일 때 $y=0$, $x_1=1$이고, $x_2=0$일 때 $y=0$, $x_1=1$이고 $x_2=1$일 때 $y=1$인 데이터를 준다. 이 데이터 조건을 충족할 때까지 반복적으로 학습을 진행시키면 된다. 이 과정을 거치면 컴퓨터는 그림의 예시처럼 (빨간색으로 표기한) w_1, w_2, b 값들을 찾아낸다. OR 연산자도 마찬가지 방법으로 학습시킬 수 있다.

☐ AND, OR 연산을 수행하는 퍼셉트론

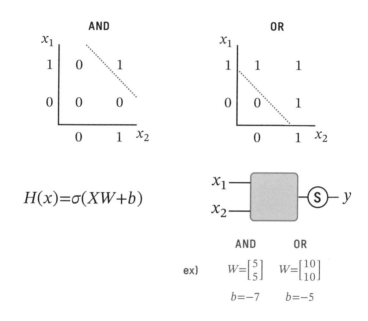

가설식에 붙은 σ는 활성화 함수를 말한다.

Tip

컴퓨터는 왜 AND, OR, NOT, XOR과 같은 논리연산들을 기반으로 구현됐을까? 컴퓨터를 구성하는 기초 부품인 다이오드, 트랜지스터가 이 연산들을 수행하기 때문이다. 이 소자들은 참(1)을 표현하는 5V 또는 거짓(0)을 표현하는 0V의 전기신호가 흐르는 선 한 개 또는 두 개를 입력으로 받아, 회로 구성 조건에 따라 5V 또는 0V를 출력한다. 즉 위의 연산들을 전기적으로 구현한다.

퍼셉트론 검증하기 ②

XOR 연산 수행을 위한 시도

앞서 살펴본 바와 같이 퍼셉트론으로 AND 연산, OR 연산을 구현할 수 있다. 이 사실을 확인한 과학자들은 뇌세포를 모방해 만든 인공 모듈이 학습하면 컴퓨터의 기초 연산을 수행할 수 있다는 사실에 무척 고무됐다고 한다. 1950년대에 이미 이와 같은 성과를 이뤄냈으니 얼마나 대단한가. 그런데 오래지 않아 퍼셉트론은 큰 장애물을 만난다. 바로 XOR 연산이다.

XOR 연산은 옆 페이지의 그래프와 진리표에서 보는 바와 같이, 입력값 x_1, x_2가 서로 다를 때 결괏값이 1이 되는 연산이다. 앞의 AND, OR 연산과 같이 이 연산의 결괏값에 대해서도 0 그룹과 1 그룹을 선형적으로 분리하려면 어떻게 해야 할까? 여러분도 한번 선을 그어보자. 조건에 맞는 선을 그을 수 있는가?

분리가 불가능하다. 선을 구불구불 구부리지 않고는 분리할 방법이 없다. 앞서 이야기한 선형식을 사용하는 방법으로는 도저히 구현할 수 없는 것이다. AND, OR 연산과 같이 퍼셉트론에게 XOR 논리연산자의 진리표를 데이터로 제공하고, 아무리 많은 횟수의 학습을 진행시켜도 제대로 작동하는 가설식을 찾지 못한다. 뉴런의 작동 방식을 모방해 만든 퍼셉트론의 작동 구조로는 이 연산을 구현할 방법이 없는 것이다.

XOR 연산도 컴퓨터의 기초 논리연산 중 하나인데, 이런 단순한 연산을 학습할 수 없다는 것은 '퍼셉트론은 한계가 분명하네, 조금만 복잡해져도 과제를 수행할 수 없겠네.'와 같은 부정적 인식을 심어주기에 충분했다. 큰 기대를 모았던 퍼셉트론이

별스럽지 않은 발명인 것으로 정리되면서, 희망은 실망으로 바뀌고 기대에 부풀었던 학계와 업계는 찬물을 뒤집어쓴 듯 식어버렸다. 이로 인해 인공지능 연구는 암흑기에 들어선다. 이른바 '인공지능의 1차 암흑기(겨울)'가 이렇게 시작됐다.

☐ 퍼셉트론의 작동 검증 - XOR 연산

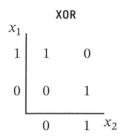

여러분도 한번 숫자 0 그룹과 1 그룹을 구분하는 선을 그어보자. 어떻게 해야 할까?

☐ XOR 연산에 대한 진리표

XOR		
x_1	x_2	x_1 XOR x_2
0	0	0
0	1	1
1	0	1
1	1	0

☐ 퍼셉트론으로 XOR를 학습시키는 실제 예시

천 번을 학습시켰는데도 cost는 줄지 않고, 답도 계속 틀리는 것을 확인할 수 있다.

퍼셉트론 - XOR
m.site.naver.com/1cl0y

다층 퍼셉트론의 등장
여러 개의 모듈을 연결해 문제를 해결하다

      퍼셉트론을 중심으로 한 인공지능 연구는 XOR 문제로 인해 한동안 진도를 나가지 못하다가 열심히 연구한 끝에 드디어 해결책을 찾는다. 어떻게 해결했을까? 옆 페이지의 그림을 보자. 무엇이 달라졌는가? 간단해 보이지만 획기적인 변화가 일어났다.

    우선 퍼셉트론이 여러 개 사용됐다. x_1, x_2 입력이 동시에 두 퍼셉트론으로 들어가며, 첫 번째 층에서 출력된 값이 다시 새로운 퍼셉트론, 즉 두 번째 층의 ②번 퍼셉트론으로 입력돼 최종 출력을 얻는 방식으로 개선됐다.

    먼저 학습이 완료된 모델의 예시를 통해 이것이 잘 작동하는지 확인해 보자. 학습 모델이 XOR의 진리표 데이터를 학습해서 그림에 빨간 글씨로 기재된 값들로 w와 b들을 설정한 상황이다. 즉, 퍼셉트론 ①-1은 $y=5x_1+5x_2-8$을 가설식으로 갖고, 퍼셉트론 ①-2는 $y=-7x_1-7x_2+3$을, 퍼셉트론 ②는 $y=-11x_1-11x_2+6$을 가설식으로 갖는다. 여기에 그림의 진리표에 따라 입력값을 하나하나 대입하고, 각 퍼셉트론의 출력값이 0.5보다 클 경우에는 1, 작을 경우에는 0으로 치환하는 활성화 함수 규칙을 적용해 보자. 퍼셉트론 ①-1과 ①-2가 출력하는 값에 활성화 함수를 적용한 결과를 퍼셉트론 ②에 전달하고, 퍼셉트론 ②가 출력한 값에도 마찬가지로 활성화 함수를 적용해 최종 출력값을 얻는다. 우측 표는 위 조건으로 실제 값들을 입력해 출력값을 계산해 본 것이다.

    직접 해보면 더 좋겠지만 번거롭다면 표의 결과만 확인해 봐도 상관없다. 최종 결과가 진리표의 조건대로 출력이 나오는 것을 확인할 수 있다. 그림과 같이 퍼셉트론을 여러 층으로 구성해 만든 가설식이 학습을 통해 예시의 숫자들과 같은 가중치 설정을 찾으면 XOR 연산으로 작동된다.

다층 퍼셉트론의 구현 방법

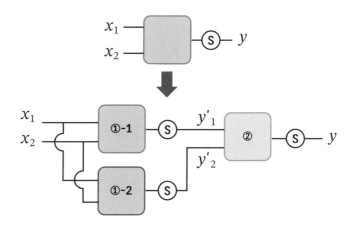

다층 퍼셉트론으로 XOR 연산 구현하기

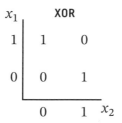

ex)

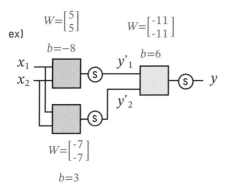

x_1	x_2	y'_1	y'_2	y
0	0	0	1	0
0	1	0	0	1
1	0	0	0	1
1	1	1	0	0

IV
06 다층 퍼셉트론의 의의
다차원에서 길을 찾다

퍼셉트론 하나로는 구현할 수 없었던 것이 다층으로 연결되자 왜 갑자기 가능해졌을까? 다층으로 연결된다는 것이 무엇을 의미하는 것일까?

이는 가설식이 구성되는 차원이 넓어짐을 의미한다. 한 층을 거쳐 출력된 값이 다른 층의 입력값으로 다시 들어가는 것은 수식 안으로 수식이 다시 들어간다는 것을 의미한다. 함수 안에 함수가 재귀적으로 포함되는 것이다. 이렇게 되면 가설식에는 차원이 늘어나는 효과가 생긴다.

퍼셉트론 하나만 사용해 답을 찾으려 했던 것은 앞의 진리표 그래프와 같은 2차원 평면 안에만 갇혀, 그 안에서 어떻게든 답을 내리던 시도였다. 그런데 퍼셉트론을 여러 층으로 연결하면 답을 낼 수 있는 공간이 3차원 이상으로 확장된다.

이와 같이 퍼셉트론을 둘 이상의 층으로 연결하는 구조를 다층 퍼셉트론이라 부른다. 퍼셉트론이 다층으로 구성된다는 것은 학습을 위해 설정된 가중치의 구성 체계가 보다 입체화하고 복잡도가 늘어난다는 것을 의미한다. 달리 설명하자면, 인공지능 모델이 학습하는 과정에 있어 데이터가 흘러 다니는 차원과 자유도가 증가함을 뜻한다. 이는 복잡한 문제에 대해서도 학습 모델이 그 특성을 잘 담아낼 수 있는 가능성을 열어준다.

XOR 논리연산을 구현하고자 퍼셉트론을 하나만 사용한 기존 방식은 마치 땅으로만 다닐 수 있게 해놓고 별을 따오기를 기대했던 것과 같다고 볼 수 있다. 그런데 새로운 방법은 데이터가 다닐 수 있는 길이 늘어나고 다양해져서 하늘로도 올라갈 수 있는 길을 열어준 것과 같다.

정리해 보자. 아래 그림의 퍼셉트론 구성은 전과 비교해 어떤 특징이 있는가? 입출력의 흐름이 넓어지고(wide) 깊어졌다.(deep) 입력 개수가 늘어나서 가로로 넓어지고, 입출력이 진행되는 단수가 늘어나서 세로로 깊어졌다. 이게 뭘까? 바로 딥러닝(deep learing)의 시작이다.

☐ 다층으로 구성되자 공간이 확장됐다

퍼셉트론을 여러 층으로 연결하자 XOR 문제가 해결된 것은 왜일까. 기존 방식은 0과 1 데이터 그룹을 구분하는 구분자를 2차원의 평면 안에서만 찾았지만, 다층 구조는 3차원 이상의 다차원에서 찾을 수 있게 공간을 확장한 것으로 이해할 수 있다.

☐ 다층 퍼셉트론의 구현

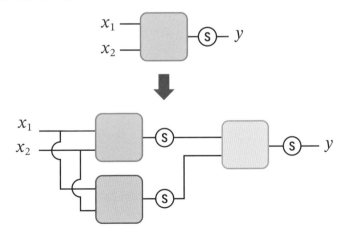

IV

07

DNN
학습 능력과 문제 해결력이 올라가다

블록 쌓기 놀이에서 피스 한 개보다 열 개일 때가, 열 개일 때보다 백 개일 때가 우리가 만들어볼 수 있는 것들이 훨씬 더 다양해지듯이, 단을 넓히고 늘릴수록 가중치의 개수가 늘어난다. 이에 따라 컴퓨터가 만들어볼 수 있는 가설이 다양해지므로, 결과에 최적화된 예측식이 나올 가능성도 더 높아진다. 'Wide and deep'하게 처리하는 것은 가중치들을 세분화해서 가설의 유연성과 확장성을 높이

☐ **DNN 모델 구성 예시**

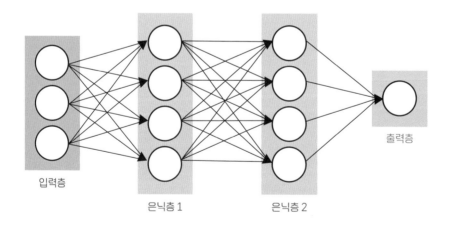

은닉층은 중간에서 가중치 구성의 복잡도를 높여, 학습 데이터가 지닌 특성들을 가중치 설정값이라는 형태로 학습 모델에 최대한 자세히 담아내도록 해준다.

⬜ 딥러닝 모델의 다양한 구성

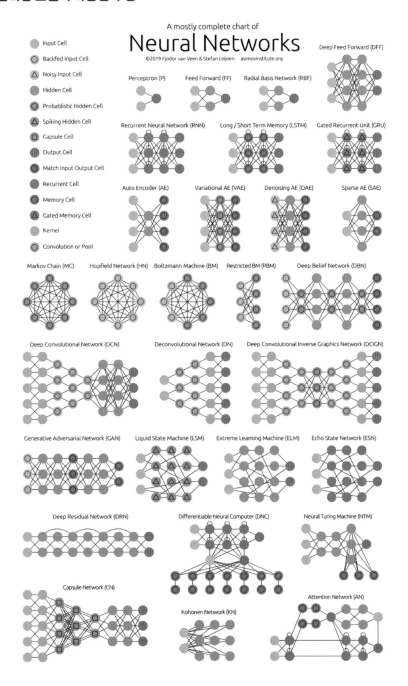

비영리 AI 연구 단체인 아시모프 연구소에서 정리한 신경망 차트

고, 이를 통해 정확도 높은 예측 모델이 나올 수 있는 '여건을 조성'하는 것이라 할 수 있다.

이와 같은 장점을 활용하기 위해 많은 수의 학습 모듈을 사용하고, 여러 층으로 연결해 복잡도를 높인 특성을 가진 머신러닝 기법이나 모델들을 개념적으로 통칭해 딥러닝이라 부른다. 딥러닝은 기본적으로 입력층, 출력층, 그 사이의 은닉층으로 구성된다.

입력층은 문제에 영향을 주는 요소들의 데이터값을 입력받는 층이고, 출력층은 입력값을 고려해 모델이 산출한 결괏값을 얻는 층이다. 은닉층은 어떤 역할을 할까? 중간에서 가중치 구성의 복잡도를 높여준다. 은닉층을 통해 복잡도가 높아지고, 차원이 확장된 가설식은 학습이 진행됨에 따라 학습 데이터의 특성을 가중치에 최대한 자세히 담아낸다.

DNN(Deep Neural Network)은 퍼셉트론을 이와 같이 다층으로 구성한 딥러닝의 기본형 모델이다. 입력층, 하나 이상의 은닉층, 출력층으로 구성된다. 일반적으로 최소 3개 이상의 층으로 구성된 경우를 딥러닝이라 부른다.

단순한 변화이지만 이 변화는 머신러닝 모델의 학습 능력을 폭발적으로 증가시키는 계기가 됐다. 위와 같은 장점으로 인해 딥러닝은 학습 능력이 뛰어나고, 어렵고 복잡한 문제 해결에도 대단한 성능을 보여주고 있다. 성능 면에서 기존 기법들과는 비교하기 어려울 만큼 강력하다. 딥러닝은 침체된 인공지능 기술 발전에 꽃을 피웠으며, 지금의 인공지능 시대를 연 주인공이다.

IV

08

개발 패러다임의 변화
논리적 접근에서 실험적 접근으로

대부분의 딥러닝 모델들은 학습 과정에서 우리가 쉽게 상상할 수 없는 규모의 실수 연산을 수행한다. 아래 그림처럼 복잡한 학습 모델에 다차원으로 구성된 많은 양의 학습 데이터가 흐르면, 우리가 짐작하기도 힘들 만큼 아주 많은 연산이 발생한다. 사실 딥러닝의 개념이 등장한 것은 수십 년 전이지만, 이 기술이 요구하는 어마어마한 계산량을 당시 컴퓨터가 소화할 수 없어 그간 빛을 보지 못했다. 그러다 근래 컴퓨터 기술이 발전하고, 전산 처리 능력이 향상되자 딥러닝 기술이 비로소 그 가치를 발할 수 있었다.

딥러닝에서 블록 구성은 개발자 마음이다. 은닉층을 몇 개로 가져갈지, 노드(데이터가 흘러가는 경로 중에 있는 접속점, 분기점 등을 말함)를 몇 개로 펼칠지, 즉 학습 모델을 어떻게 구성할지를 자유롭게 정한다는 뜻이다. 물론 최소의 학습으로 최대의 성능을 내도록 해야 한다는 조건이 붙는다.

사실 옆 그림처럼 학습 노드의 구성이 복잡해지는 단계로 들어서면, 이후부터는 컴퓨터가 각 노드 안의 가중치들을 어떤 값으로 채우는지, 그 값들이 어떤

☐ 전형적인 딥러닝 모델

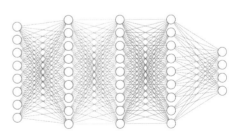

사실 이 정도로 복잡한 단계로 넘어가면 컴퓨터가 모델 안의 가중치를 어떤 값으로 채우는지, 그 값들에 어떤 의미가 있는지, 어떤 특징을 갖는지 등을 알기 어렵고 이해하기도 어렵다.

의미와 특징을 갖는지 알기 어렵고 이해하기도 어렵다. 이것은 컴퓨터 서비스의 개발, 컴퓨터 프로그래밍의 개념이 기존의 '논리적' 접근 방식에서 '실험적' 접근 방식으로 확장됐다는 것을 의미한다.

무슨 말이냐 하면, 그간 우리가 사용해 온 앱이나 컴퓨터 소프트웨어는 모두 개발자들에 의해 사전에 치밀하게 짜인 작동 순서, 즉 '규칙'에 기반해 절차와 동작 하나하나를 논리적으로 설계하고 만든 것들이다. 프로그램의 코드 하나하나가 무엇 때문에 필요한지 명확한 이유가 있다. 그런데 딥러닝 모델에는 이 '치밀하고 정교한 이유'가 없다.

일단 대략적으로 모델을 만들어 '한번 돌려보고', 잘 돌아가면 채택하고 안되면 바꾼다는 개념이 모델 개발에 적용된다. 해결하려는 문제를 연구해서 최대한 적합한 초기 모델을 논리적으로 설계하기는 하지만, 그 이후에는 실험을 통해 결과를 확인하고, 결과가 잘 안 나오면 약간 변형하든지 아니면 아예 다른 모델을 적용해 보든지 한다. 결과가 잘 나오면 '이유를 잘 모르더라도' 사용하는 것이다. 이와 같은 '실험적 접근' 개념의 개발 방식은 기존 소프트웨어 개발자, 컴퓨터 프로그래머들에게는 무척 낯선 것이며 완전히 새로운 패러다임이다.

☐ 전통적인 SW 개발과 AI 모델 개발

기존 컴퓨터 프로그래밍 : 논리적 접근
치열한 고민을 통한 설계

인공지능 모델 개발 : 실험적 접근
경험, 결과에 의한 선택

IV

09

CNN ①
이미지 인식의 대표 모델

다소 어려울 수도 있지만 중요한 내용을 공부했다. 이제부터는 딥러닝의 응용편이다. 딥러닝 기법이 매우 우수한 성능을 보여주고 있지만, 앞서 본 것처럼 단순히 퍼셉트론을 가로세로로 늘려 쌓는 방식으로만 사용되고 있는 것은 아니다. 이와 같은 방법으로는 다양한 문제들을 잘 해결하는 데에 한계가 있다. 그래서 각각의 문제에 적합하게 고도화된 응용 모델들이 많이 필요하다. 그러한 응용 모델들 중 대표적인 것 두 가지를 살펴보자.

먼저 CNN(Convolutional Neural Network)이다. 그림이나 사진을 판독하는 인공지능, 예를 들어 '개와 고양이 사진을 구분하는 인공지능' '꽃 이름을 맞히는 인공지능'들이 이 모델로 구현된 것이다. 얼굴 인식, CCTV 영상 분석, 의료 영상 분석 등과 같이 이미지로부터 의미 있는 정보를 추출하는 기술인 컴퓨터 비전 분야의 대표적 모델이다. 알파고를 구현한 주요 알고리즘 중 하나이기도 했다. 이 모델은 어떻게 작동할까.

96쪽의 그림 왼쪽에 있는 두꺼운 판은 하나의 이미지 시트를 나타낸 것이다. 일반적으로 이미지 데이터는 색깔 구현을 위해 삼원색으로 구성되기 때문에 개념적으로 이 그림과 같이 판 3개로 표현되고, 판 3개가 합쳐져 이미지 하나를 만들기 때문에 판 3개만큼의 두께를 갖는 것으로 표현했는데, 일단 두께는 신경 쓰지 말자. 어차피 같은 내용의 작업이 3장의 시트에 반복 적용되기 때문이다.

전통적인 선형회귀 기반의 다중분류를 사용한 MNIST 예제에서는 이러한 이미

☐ 일반적인 이미지 파일의 구성

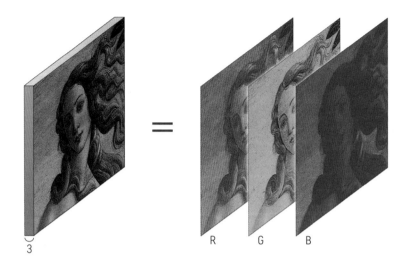

☐ 선형회귀 기반의 다중분류 방법만을 사용한 이미지 분석 기법

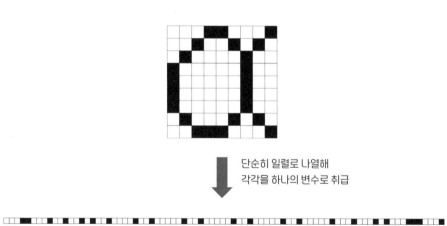

단순히 일렬로 나열해
각각을 하나의 변수로 취급

각 화소는 그저 각각 독립된 하나의 변수일 뿐이다. 아래에 일렬로 늘어놓은 화소들은 맨 좌측 화소가 x_1 이 되고 맨 우측 끝 화소가 x_{81}이 된다.

학습 가설식은 $H(x)=w_1 x_1 + w_2 x_2 + w_3 x_3 + \ldots + w_{81} x_{81} + b$가 된다.

지를 분석하기 위해 어떤 방법을 사용했는지 상기해 보자. 왼쪽 위 모서리에서부터 오른쪽 아래 끝까지 총 784개의 화소들을 하나하나 모두 개별적인 변수로 설정하고, 이들에게 가중치를 부여한 후, 최적의 가중치값을 찾아내도록 학습시키는 방법을 사용했다. 이 방법의 단점은 무엇일까?

이 방법에서는 한 화소가 주변 화소와 맺는 관계 정보를 파악하는 것이 불가능하다. 그림의 화소들을 단순하게 개별 변수로 취급해서 개별 화소의 독립적인 특성값만 학습하기 때문이다. 96쪽 아래 그림을 보자. 사실상 그림이 해체돼 아래와 같이 각 화소들이 그냥 일렬로 쭉 나열돼버린다. 따라서 각 화소가 주변 화소와 관계한 연관성 정보, 즉 공간 정보는 유실돼버린다. 그림에서 홀로 의미 있는 화소는 사실상 없다는 점을 생각해 보면, 이것이 이미지 정보에 있어 얼마나 큰 손실인지 짐작할 수 있다. 그러면 CNN은 어떻게 다를까?

CNN ②
주변 화소의 특성까지 함께 학습한다

CNN은 이미지 데이터를 다루는 접근 방법이 다르다. 매우 창의적이다. 옆 그림에서 볼 수 있는 것처럼 CNN은 학습해야 할 가중치를 '가로세로 넓이를 갖는 하나의 작은 면 형태의 세트'로 구성한다. 이 가중치의 세트, 즉 가중치 집합을 CNN에서는 필터라 부르는데, 이 필터가 주어진 이미지를 스캐닝해서 각 화소가 갖는 특성을 주변 화소들의 특성과 함께 학습한다.

조금 더 자세히 살펴보자. 필터는 설정된 면적만큼의 화소들을 한꺼번에 읽어내고, 이 '면'의 특성을 하나의 수치로 뽑아낸다. 그림 2의 예시에서는 가로세로 7×7 크기의 그림을 3×3 크기의 필터로 스캐닝한다. 이 경우, 필터의 칸 수가 9개이므로 이미지의 9개 화소들이 한꺼번에 읽혀서 하나의 특성값으로 산출된다. 가운데 화소를 중심으로 주변 8개 화소들의 특성이 동시에 읽혀서 하나의 특성값으로 만들어지는 것이다. 이와 같은 방법으로 필터는 그림을 왼쪽 위 끝에서 오른쪽 아래 끝까지 스캔하면서 그림의 특성을 읽어낸다.

필터가 읽어낸 특성값들을 나열하면 이 역시 다시 가로세로의 면이 된다. 그림 3에 있는 숫자 맵처럼 또다시 하나의 시트(feature map)가 된다. 이 시트에 대해 그림에서 보는 것처럼 4개의 픽셀을 하나로 묶어 그중 가장 큰 값을 취하는 방법으로 정보를 압축하거나(pooling), 아니면 또다시 이 시트에도 필터를 적용해 특성을 읽어내는 행위를 반복한다. 이와 같은 절차를 반복하면 이미지 데이터는 점점 압축되고, 결국 마지막에는 숫자 하나가 된다. 이렇게 만들어진 숫자는 주어진 이미지를 정의

☐ 이미지의 특성을 읽어내는 필터

그림 1

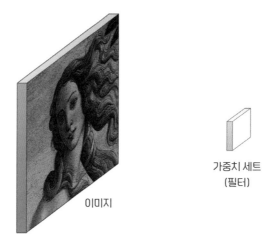

이미지

가중치 세트
(필터)

그림 2

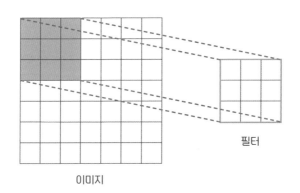

이미지

필터

그림 3

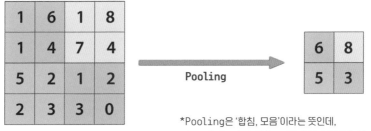

특성 시트(feature map)

Pooling

*Pooling은 '합침, 모음'이라는 뜻인데,
CNN에서는 대략 '압축, 요약'의 의미로 볼 수 있다.

하는 특성값으로 사용될 수 있다.

필터는 어떻게 학습되는 걸까? 필터의 모든 칸에는 각각 가중치가 들어 있다. 그림 2의 경우 필터의 칸 수가 9개이므로, 필터의 수식은 $H(x)=w_1x_1+w_2x_2+w_3x_3+\cdots+w_9x_9+b$가 될 것이다. 하나의 면 안에 있는 이 가중치들은 이미지 데이터를 읽으면서 함께 학습된다. 앞서 선형회귀 모델의 가설식이 사곳값을 잘 맞힐 때까지 가중치가 계속 수정됐던 것처럼, CNN 모델도 주어진 이미지가 무엇인지 잘 맞힐 때까지 필터의 가중치값들이 계속 수정된다.

CNN은 이런 방법으로 이미지 데이터에 대해 상하좌우의 화소들을 함께 읽어 각 화소의 특성뿐만 아니라 주변 화소들과 맺는 관계 정보, 공간적 특성 정보까지 같이 파악한다.

IV

11

CNN ③
필터의 학습 수준이 정확도를 좌우한다

정리해 보자. 고양이 사진이나 곰 그림을 구분하는 인공지능을 만들고 싶을 때, CNN 모델에서 학습되는 요소는 무엇인가? 그렇다, '필터'다. 회귀식인 $XW+b$의 형식으로, 가로×세로의 면을 형성하는 가중치 집합인 이 필터가 학습을 통해 최적의 가중치값들을 찾아간다. 필터가 스캐닝을 통해 추정한 답과 정답을 비교하면서 계속 필터의 가중치값을 교정해, 최종적으로는 그림의 특성을 제대로 인식할 수 있는 필터를 만드는 것이다. 실제 모델에서는 보통 필터를 여러 개 사용하는데, 학습이 진행되면 각 필터들은 주어진 이미지 데이터세트에 대해 각각 다른 특성들을 학습한다. 어찌 보면 필터들이 분업하는 셈이다.

예를 들어보자면, 곰 그림을 구분하는 인공지능은 학습이 진행될수록 둥근 귀, 둥근 코, 둥근 얼굴 모양 등과 같이 곰 그림의 여러 특성을 각각 나눠 담당하는 필터들을 갖는다. 고양이 사진을 구분하는 인공지능이라면 뾰족한 귀, 일자형의 눈동자 등의 특성을 알아보는 필터들을 갖출 것이다. 그렇게 학습이 완료된 필터들이 판독을 위해 주어진 그림을 스캔하다가, 각자가 담당한 특성을 갖는 이미지 영역을 발견하면 이 그림이 곰일 확률, 고양이일 확률을 높인다. CNN 모델의 정확도는 이 필터들이 얼마나 잘 학습됐느냐, 즉 얼마나 정교하게 잘 만들어졌느냐에 달려 있다.

앞서 얘기한 것처럼 딥러닝 모델은 실험적으로 구성되기 때문에 모델의 개별 층(레이어)들을 구성하는 방법에 정답이 없다. 이렇게도 해보고 저렇게도 해본 후, 최고의 예측 성능을 보이는 구성을 채택하면 된다. 102쪽 아래의 그림은 탈것을 촬영한 사진들을 분석해 그것이 승용차, 트럭, 비행기, 배, 말 중 어떤 것인지 구분하는 인공지능을 구현한 예시다. 이 모델에서는 이미지의 특성을 뽑아내는 레이어(conv)를 두 번 사용한 후, 한 번의 압축(pool)을 거치고, 이와 같은 과정을 세 번 반복하는 방식으로 설계했음을 볼 수 있다. 이 레이어들을 어떤 순서로 구성하든 몇 번을 반복하든 그것은 개발자 마음이다. 성능 좋은 모델만 만들면 된다.

☐ CNN 모델이 이미지를 읽고 판독하는 전체적인 절차

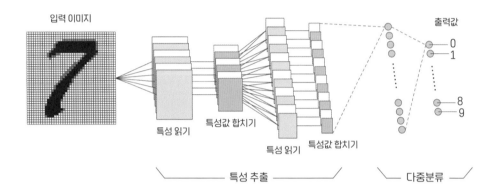

☐ CNN 모델의 학습 레이어 구성 예시

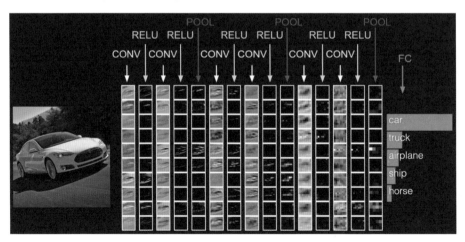

CNN의 필터가 이미지 데이터를 스캐닝하는 과정

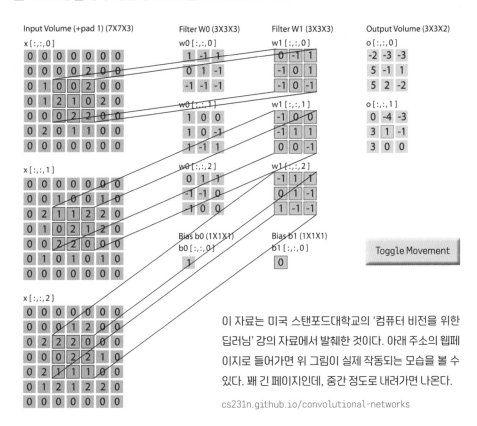

이 자료는 미국 스탠포드대학교의 '컴퓨터 비전을 위한 딥러닝' 강의 자료에서 발췌한 것이다. 아래 주소의 웹페이지로 들어가면 위 그림이 실제 작동되는 모습을 볼 수 있다. 꽤 긴 페이지인데, 중간 정도로 내려가면 나온다.

cs231n.github.io/convolutional-networks

CNN 실습 - MNIST

MNIST-CNN
m.site.naver.com/1cl0y

앞서 살펴본 MNIST 예제를 CNN으로 개선한 코드다. 딥러닝인 만큼 학습 시간이 꽤 걸린다. 대략 3~4분 정도 걸릴 것이다. 그리고 그만큼 성능도 향상된 것을 확인할 수 있다. 참고로 실무에서는 어느 정도 구현 가능성이 확인되면, 정확도 1%를 더 올리기 위해 참 많은 노력을 한다. 실습 결과는 다음과 같이 출력된다.

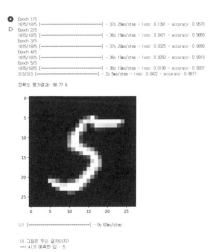

12   RNN
연속성이 있는 데이터에 특화된 모델

딥러닝의 대표적인 응용 모델 두번째, RNN(Recurrent Neural Network)을 알아보자. 이것은 앞뒤 데이터 사이에 연관성이 있는 데이터, 즉 시간적 또는 공간적 연속성을 갖는 데이터와 같이 '이전 데이터가 다음 데이터에 영향을 주는' 데이터세트에 적합한 모델이다.

은행의 고객 명단 데이터세트에 있는 101번째 고객과 102번째 고객 사이에 연관성이 있을까? 그럴 가능성은 별로 없다. 보통, 두 데이터는 서로 아무런 영향을 주지 않는다. 그러나 일별 주식 시세 데이터의 경우, 오늘의 주식 시세는 어제의 시세로

☐ 연속성이 있는 데이터

문장 데이터
사람사람이 모두 금덩어리 아님이 없는데 자기가 착각해서 그런 줄 모르고 있는 것입니다.

일별시세 — 주가 데이터

날짜	종가	전일비	시가	고가	저가	거래량
2024.01.19	73,900	▲ 2,200	73,500	74,200	73,000	10,604,081
2024.01.18	71,700	▲ 700	71,600	72,000	70,700	17,853,397
2024.01.17	71,000	▼ 1,600	73,100	73,300	71,000	22,683,660
2024.01.16	72,600	▼ 1,300	73,500	73,700	72,500	14,760,415
2024.01.15	73,900	▲ 800	73,200	74,000	73,200	13,212,339
2024.01.12	73,100	▼ 100	73,000	74,100	72,800	13,038,939
2024.01.11	73,200	▼ 400	72,900	73,600	72,700	57,691,266
2024.01.10	73,600	▼ 1,100	75,000	75,200	73,200	20,259,529
2024.01.09	74,700	▼ 1,800	77,400	77,700	74,300	26,019,249
2024.01.08	76,500	▼ 100	77,000	77,500	76,400	11,088,724

날씨 데이터

홈	예보비교	미세		
오늘 8.22.	오전 20%		오후 20%	25° **34°**
내일 8.23	30%	70%		25° **33°**
목 8.24.	90%	60%		25° **28°**
금 8.25	30%	40%		25° **33°**
토 8.26	30%	30%		23° **31°**
일 8.27.	30%	30%		23° **30°**
월 8.28	60%	60%		23° **28°**
화 8.29	60%	60%		23° **29°**
수 8.30.	30%	30%		24° **29°**
목 8.31	30%	30%		22° **29°**

부터 출발하므로 서로 연관성이 있다. 날씨의 기온 정보 또한 마찬가지로 어제의 기온 정보가 오늘의 기온을 예상하는 데 중요한 자료가 된다. 또 글자가 연속되는 단어나 문장 데이터의 경우에도 앞뒤 데이터 사이에 연관성이 있다.

예를 들어 'h,e,l'이 연속된 다음에는 'l'이 등장할 가능성이 크고, 'h,e,l,l' 다음에는 'o'가 나올 가능성이 크다. 마찬가지로 사용자가 검색어 입력창에 '동해물과'를 입력하면 다음에는 '백두산이'가 입력될 가능성이 크다. 이와 같이 앞뒤 데이터 사이에 연관성이 있는 데이터세트를 학습해, 그 연관성을 고려한 예측을 수행하는 모델이 RNN이다.

☐ RNN 모델의 기본 구조

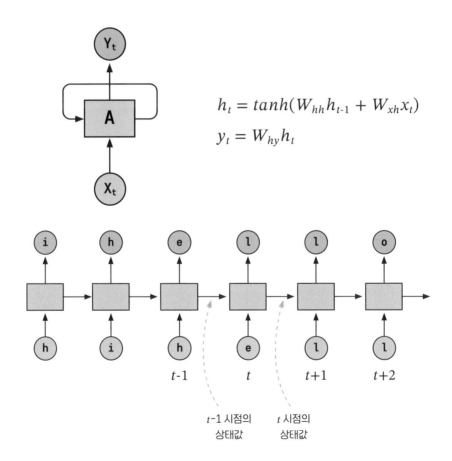

$$h_t = tanh(W_{hh}h_{t-1} + W_{xh}x_t)$$
$$y_t = W_{hy}h_t$$

t-1 시점의
상태값

t 시점의
상태값

이 모델은 어떤 원리로 구현될까? 105쪽 그림의 기본식에서 볼 수 있는 것처럼 이 모델의 가설식에는 이제까지 보지 못한 새로운 요소가 등장한다. 바로 h_t인데, 학습 모듈의 state값, 즉 상태값이라 불리는 일종의 변수다. RNN은 주어지는 데이터 x와 이 상태값을 입력 데이터로 사용한다.

도식화된 그림을 통해 좀 더 자세히 살펴보자. 그림에서 아래에 일렬로 연결된 RNN 모듈들은 사실 바로 위의 그림에 있는 모듈 하나를 시간순으로 펼쳐 놓은 것이다. 현재 모듈이 데이터 'e'를 입력받을 차례라고 가정하고, 현재 시점을 t라 하자. 시점 t를 기준으로 RNN 모듈은 'e'라는 데이터와 함께 시점 $t-1$에서 생성된 상태값도 함께 전달받는다. 이 두 가지 입력 데이터를 활용해 시점 t의 출력값 'l'을 예측하고, 마찬가지로 그 두 데이터를 토대로 모듈의 상태값도 새롭게 갱신한다. 갱신된 상태값은 시점 $t+1$로 전달돼 다음 출력값 'l'을 예측하는 데이터로 사용된다.

RNN의 활용

번역·챗봇·작곡 등 여러 분야에서 쓰이다

IV
13

RNN은 '대규모 언어 모델'을 설명하는 장에서 다시 등장하므로 여기에서 개념을 꼭 이해하고 가도록 하자. 요약하면 RNN은 앞 데이터를 입력받았을 때 만들어진 상태값을 현 시점의 모듈에 전달해서, 모델이 예측값을 산출하는 일에 앞뒤 데이터 사이의 연관 정보를 활용할 수 있도록 해주는 머신러닝 모델이다. 상태값이라는 변수가 앞 데이터의 특성을 전달하는 일종의 임시 메모리 역할을 하는 것이다. 이미 감을 잡은 사람도 있겠지만, 이 상태값에는 바로 앞 데이터뿐만 아니라 앞의 앞 데이터, 앞의 앞의 앞 데이터 등 모든 이전 데이터들에 대한 특성까지 함축돼 있다. 데이터가 들어오는 매 시점마다 상태값을 초기화하는 것이 아니라 현재의 상태값을 토대로 갱신하는 방식을 사용하기 때문이다. 따라서 이전 시점의 데이터들에 대한 맥락적 특성이 누적돼 있다고 볼 수 있다.

신기하게도 가설식에 상태값을 추가한 이 단순한 변화만으로 인공지능 모델은 학습 데이터세트가 갖는 앞뒤 데이터들 사이의 연결 속성을 가중치에 충실히 담아낸다. 학습이 완료된 모델은 주어진 입력값에 대해 우리가 목적한 바와 같이 이전 입력값들을 고려한 예측값을 생성한다.

RNN 또한 CNN과 더불어 현장에서 활용도가 높은 딥러닝의 대표 모델이다. 우리가 일상에서 이미 활용하는 사례로는 검색창에 글자를 입력할 때 작동하는 자동완성 기능, 스마트폰의 음성인식을 통한 문장 입력 기능, 각종 언어의 통번역, 기계와 사람이 채팅하는 챗봇, 영상의 자막 자동 입력 기능 등이 있다.

뉴스에서 인공지능이 작곡을 한다, 글을 쓴다, 그림을 그린다 등 AI 아티스트에 대한 이야기도 들어봤을 터다. 이런 것들도 대부분 RNN을 근간으로 하는 인공지능 모델들이다. 물론 실무 현장에서는 보다 정교하고 수준 높은 결과물을 요구하기 때문에 이를 위해 RNN과 다른 알고리즘을 접목하거나, 고도화된 고급 응용 기술을 복합적으로 사용하는 경우가 많다.

RNN은 작동 구조나 원리적 측면에서 인공지능 산업에 기여하고 있는 바가 크다. RNN은 많은 이가 알고 있는 트랜스포머, BERT, GPT와 같은 대규모 언어 모델들의 할아버지 격인 모델이기도 하다. 또한 소위 '생성형 AI'라고 불리는 모델들은 대부분 이 모델을 기반으로 한다.

☐ RNN의 주요 활용 사례

문장 생성
음성 인식
기계 번역
질의 답변
대화 시스템
비디오 자막 생성
작곡 / 그림 생성
:
:

☐ RNN 실습 – 간단한 문장 생성

문장 데이터를 학습한 후, 주어진 단어로 시작하는 문장을 완성하는 아주 간단한 예제다.

RNN 실습
m.site.naver.com/1coJ3

V

비지도학습

인공지능 기술의 핵심 원리는 딱 두 가지로 요약된다. 경사하강법과 퍼셉트론을 연결해 XOR 문제를 해결한 딥러닝. 이 두 원리를 모두 이해했다면 여러분은 이미 준전문가 수준이다. 이제 보다 진보적인 머신러닝 개념인 비지도학습을 살펴보자.

V
01 | 기계학습의 3대 유형
지도학습·비지도학습·강화학습

머신러닝의 학습 기법들은 크게 지도학습, 비지도학습, 강화학습의 세 가지 유형으로 구분된다. "사과 1개는 '1원'이다." "이 사진은 '고양이' 사진이다."처럼 답이 있는, 소위 '레이블'이 붙어 있는 데이터세트를 이용해 컴퓨터가 문제와 답을 같이 보면서 학습하는 방법이 지도학습이다. 문제의 답, 즉 지도(가르침) 정보가 제공된다고 해서 '지도학습'이라고 부른다. 반면 '비지도학습'은 별도의 레이블 정보가 없다. 즉 정답이 따로 제공되지 않는 데이터로부터 컴퓨터가 스스로 학습한다. 마지막으로 강화학습은 학습 데이터 없이 시행착오를 통해 컴퓨터가 학습하는 기법이다. 세 가지 학습 기법의 특징을 간단히 살펴보도록 하자.

☐ 기계학습의 세 가지 유형

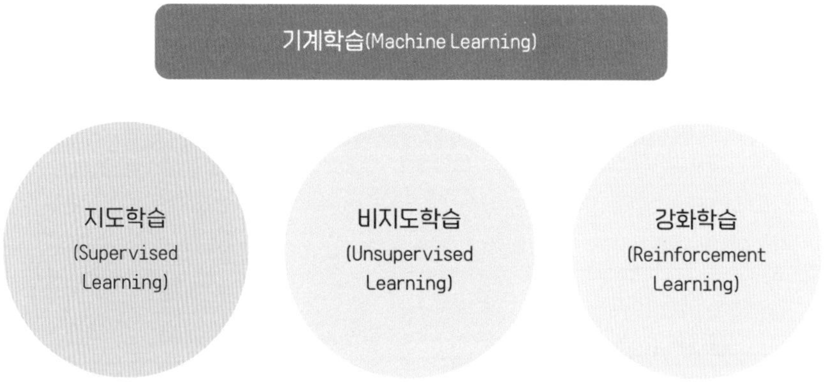

기계학습(Machine Learning)

지도학습
(Supervised
Learning)

비지도학습
(Unsupervised
Learning)

강화학습
(Reinforcement
Learning)

우리가 이제까지 공부한 머신러닝 모델들은 세 가지 유형 중 어디에 해당될까? 그렇다. 지금까지는 지도학습을 공부했다. 문제와 답이 같이 담긴 학습 데이터를 컴퓨터에게 주고, 학습 모델이 정답 데이터를 확인하며 예측식을 수정하는 방식이 지도학습이다.

우리가 처음 접했던 사괏값 예측 모델의 데이터 레이블은 무엇이었을까? 1개일 때에는 '1원', 2개일 때에는 '2원', 이 가격 정보가 레이블이었다. MNIST 데이터세트의 레이블은 무엇일까? 각 이미지가 어떤 숫자를 손으로 쓴 것인지 표기된 정보가 레이블이다. 손 글씨로 '5'를 쓴 이미지 데이터에는 '5'라는 레이블이 붙어 있고, 악필이라도 '8'을 쓴 이미지에는 '8'이라는 레이블이 붙어 있다. 동물 사진을 판독하려는 모델에게 주어진 학습 데이터의 고양이 사진에는 '고양이', 강아지 사진에는 '강아지'라는 레이블이 붙어 있다.

이렇게 레이블, 즉 지도 정보가 붙은 데이터들을 수천 개, 수만 개 제공하고, 이 데이터를 사용해 문제의 답을 계속 확인하면서 예측 모델의 가중치를 수정해 가는 방식이 지도학습이다. 앞서 공부한 선형회귀, 이진분류, 다중분류, CNN, RNN 등이 모두 지도학습이었다.

☐ 지도학습의 데이터 레이블

개수	가격
1	1
2	2
3	3

이미지 번호	동물 구분
...	...
7102	cat
7103	dog
7104	cat
7105	cat
...	...

이미지 번호	표기 숫자
...	...
14365	5
14366	6
14367	7
14368	8
...	...

02

글자·단어 예측 모델의 지도학습

문장 데이터에는 레이블이 따로 없다

대강 넘어가기엔 중요한 내용이라서 계속 이어서 얘기하자면, 다시 말해 선형회귀, 이진분류, 다중분류, CNN 등이 모두 지도학습이다. 다음 글자를 예측하는 RNN 또한 지도학습이다. 수천, 수만 자의 글자가 들어 있는 문장 데이터를 제공받아 학습하기 때문이다.

그런데 '문장 데이터에는 레이블이 없지 않나? 무슨 딱지가 붙어 있지?'라고 생각하는 사람도 있을 것 같다. 맞다. 따로 없다. 그런데 잘 생각해 보자. 사실은 있다.

다음 글자를 예측하는 모델에 주어진 문장 데이터에는 이미 레이블이 들어 있다. 바로 현재 글자의 다음 글자가 레이블이다.

"안녕하세요." 이 문장에서 '하' 데이터의 레이블은 '세'가 되는 것이고, '세' 데이터의 레이블은 '요'가 된다. 다음 단어를 예측하는 모델도 마찬가지다. "동해물과 백두산이 마르고 닳도록…"이라는 문장에서 '동해물과' 데이터의 레이블은 '백두산이'가 되고, '백두산이' 데이터의 레이블은 '마르고'가 된다.

이와 같이 언어 학습용 문장 데이터는 학습 데이터를 만들기 위해 사람이 일일이 딱지를 달아주지 않아도 된다는 특징이 있다. 레이블을 달아줄 필요 없이 컴퓨터가 자동으로 레이블을 확인할 수 있는 이런 특징 때문에, 다음 글자나 단어 등을 예측하는 모델들의 문장 데이터 학습 방법을 자기 지도학습(Self-Supervised Learning)이라 부르기도 한다. 이 같은 특징은 뒤에서 살펴볼 대규모 언어 모델의 학습과 관련된 중요한 포인트이니 기억해 두자.

문장 데이터의 예시

초등학교가 아니라 국민학교라고 부르던 그 시절, 친구들이랑 동네에서 할 수 있는 게임이라곤 친구끼리 몸을 부딪치는 놀이, 아니면 간단한 도구를 사용한 놀이가 다였습니다. 물론 우리 부모님 세대도 비슷한 놀이 문화가 있었지만, 우리 때부터는 좀 더 다양한 놀거리가 추가됐습니다. 바로 문방구라는 존재 덕분입니다. 아이들은 문방구에서 신기한 놀거리와 장난감을 만날 수 있었습니다. 매번 신기한 물건들이 친구들 사이에서 유행하곤 했죠.

저는 문방구에 새로 나온 장난감을 꼭 사서 해보지 않으면 직성이 풀리지 않는 그런 아이였습니다. 그래봤자 비싼 장난감이나 게임기는 살 수 없었고, 10원 20원 하던 자잘한 장난감이나 각종 화약류를 가지고 놀았죠.

어린 시절, 가장 눈에 띄던 장난감은 바로 화약이었습니다. 지금이야 너무 위험해서 화약을 문방구에서 파는 일은 없겠지만, 그 시절에는 빨간 종이에 화약이 알약처럼 붙어 있는 장난감이 있었습니다. 조그만 화약을 하나씩 찢은 다음, 돌로 쳐서 터트리며 놀거나 화약총 사이에 넣고 방아쇠를 당겨서 터트리며 놀곤 했죠.

-<꿀딴지곰의 레트로 게임 대백과> 중에서

글자 예측 모델의 레이블

안녕하 ⟶ 안녕하세 ⟶ 안녕하세요

단어 예측 모델의 레이블

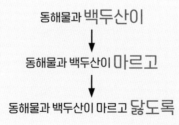

문장 데이터에는 별도의 레이블이 없다. 데이터 자체가 레이블 역할을 하며, 따라서 컴퓨터가 자동으로 레이블 작업을 할 수 있다.

03 비지도학습의 개념
레이블 작업이 필요 없는 학습 기법

비지도학습은 정답이 없는 데이터로부터 어떻게 학습할까? 넓게 보면 비지도학습은 누가 특별히 가르쳐주지 않아도 주변 환경과 끊임없이 상호작용하면서 스스로 학습하는 방식, 즉 사람이 학습하는 방식을 모방한 기법이라 할 수 있다. 궁극의 인공지능 구현을 지향하는 기법인 것이다. 사람의 뇌처럼 주변 환경에서 수집된 다양한 데이터를 스스로 분석하고 판단해 학습한다는 개념이다. 아직까지 실용화된 기술이 없고, 여전히 연구 중인 분야라고 보면 된다.

좁은 의미에서는 비지도학습을 '주어진 데이터의 특성과 규칙 등을 자동으로 분석하는 기법'으로 설명하곤 한다. 넓은 의미의 비지도학습에서 '스스로 분석하고 판단한다'라는 부분에 해당하는 기술인데, 현재 실용화된 기법들이 있다. 데이터세트에서 데이터들 사이에 존재하는 관계성이나 유사도에 따라 데이터를 자동으로 그룹화하는 군집분석이 대표적이다. 이에 대해서는 116쪽에서 살펴보겠다.

헷갈리지 말아야 할 것은 비지도학습도 데이터를 학습한다는 점이다. 지도학습은 데이터를 학습하는 반면, 비지도학습은 데이터가 필요 없다고 오해하는 경우가 가끔 있는데, 그렇지 않다. 두 학습 방법 모두 데이터를 이용해 학습하는 기법이고 데이터가 많을수록 좋다. 다만 지도학습은 답이 붙어 있는 데이터를 필요로 하고, 비지도학습은 그렇지 않을 뿐이다. '이 데이터는 ○○이다.'라는 지도 정보를 토대로 학습시키면 지도학습이고, 특별한 지도 정보 없이 그저 데이터로부터 특성을 파악하고 분석하거나 필요한 정보를 얻는 방법으로 학습시키면 비지도학습이다.

인공지능 서비스 개발에 있어 학습용 데이터 확보는 서비스의 성패를 좌우할 만큼 중요한 일이고, 예산과 시간이 많이 수반되는 고민거리이기도 하다. 이런 가운데 학습용 데이터를 만들기 위한 레이블 작업이 필요 없다는 것은 비지도학습이 갖는 큰 장점이다. 아직 실용화된 기술이 별로 없다는 점이 아쉽기는 하지만, 일상에서 늘 생성되는 다양하고 풍부한 데이터를 컴퓨터가 그대로 학습용으로 사용할 수 있다는 측면에서 대단히 매력적인 개념임에는 틀림없다.

비지도학습이란?

비지도학습은 주변 환경에서 수집된 다양한 데이터를 스스로 분석하고 판단하는 개념이다.

V

04 K-means
유사한 데이터를 자동으로 그룹화하다

특성상 비지도학습으로 분류되는 기법 두 가지를 살펴보도록 하자. 먼저 클러스터링, 군집 분석 알고리즘인 K-means이다. K-means는 주어진 데이터를 분석해 특성이 유사한 데이터들을 자동으로 그룹화하는 알고리즘이다. 고객 유형 분류, 데이터의 이상치 탐지, 문서 분류 등에 사용된다.

아래 그림을 보자. 예를 들어 데이터값들이 그림 1과 같이 그래프상에 분포된 경우가 있다고 가정한다. 그림을 보면 이 데이터는 대략 어떻게 그룹을 나눠주면 되는지 판단이 들 것이다. 이 데이터를 자동으로 적정하게 그룹으로 묶어 분류하는 것이 이 알고리즘의 목표다.

☐ 데이터 자동 분류 알고리즘의 작업 과정

그림 1

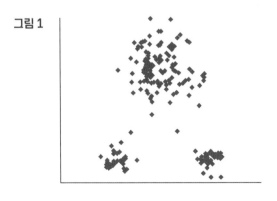

분류하기 전의 데이터

그림 2

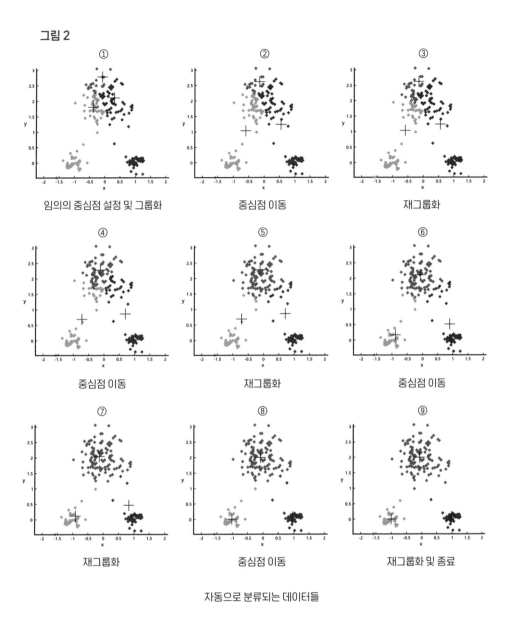

자동으로 분류되는 데이터들

먼저 그래프상에 각 그룹의 중심점으로 사용할 점들을 임의로 몇 개 찍는다. 그리고 각 개별 데이터 입장에서 이 중심점들 중 거리가 가장 가까운 점을 찾아서 이를 자신의 중심점으로 삼도록 한다. 그러면 엉터리 같아 보이긴 하지만, 일단 중심점 개수만큼의 그룹들이 생성된다.(그림 2의 ①번)

그런데 이 중심점은 임의로 설정한 것이기 때문에 합리적이지 않다. 이렇게 만들어진 각 그룹별로 그룹 내 데이터들의 평균값을 구해서 이 평균값의 좌표를 해당 그룹의 새로운 중심점으로 설정한다.(②번) 중심점이 새롭게 정해지면 전체 데이터들을 새로운 중심점들에 대한 거리 기준으로 다시 그룹화한다.(③번) 이렇게 다시 그룹화한 데이터들로부터 그룹별 평균값을 구해서 중심점을 새로이 이동시키고(④번), 새로운 중심점을 기준으로 데이터들을 다시 그룹화한다.(⑤번) 이와 같은 과정을 중심 좌표가 크게 변동되지 않을 때까지 반복한다.

간단한 방법이지만 이렇게 진행하면, 데이터가 갖는 고유의 군집 특성에 따라 중심이 차츰 이동되고, 결국 자동으로 그룹화가 된다. 이 기법은 인위적인 지도 정보를 주지 않은 상태(비지도)에서 컴퓨터가 자동으로 데이터를 그룹화하는 기법이기 때문에 인공지능 기술 중 비지도학습으로 분류된다.

⊡5 GAN
인공지능 모델끼리 경쟁을 붙인다

비지도학습의 두 번째 사례는 진짜 같은 가짜를 생성하는 머신러닝 모델, GAN(Generative Adversarial Network)이다. 육안으로는 진짜와 구분이 불가능한 가짜 인물 사진 생성으로 유명하다. GAN은 진짜와 유사한 가짜 데이터를 생성하는 생성자(generator), 진짜와 가짜를 판별하는 역할을 하는 감별자(discriminator)가 서로 경쟁하도록 하는 독특한 방식의 학습 방법을 이용한다. 생성자와 감별자, 둘 다 AI 모델이다.

먼저 생성자가 진짜 같은 가짜 데이터를 생성해 감별자에게 전달하는데, 이때 감별자에게는 진짜 데이터가 주어질 수도, 생성자가 만든 가짜 데이터가 주어질 수도 있다. 감별자는 주어진 데이터가 진짜인지 가짜인지 맞혀야 한다. 생성자는 감별자를 속이지 못한 데이터의 특성을 계속 학습해 감별자가 맞히기 어렵게 계속 발전하고, 감별자 또한 생성자가 만든 가짜의 특성을 계속 학습해서 판별 능력을 올린다. 결국 서로 경쟁하는 과정을 거치면서 생성자는 진짜와 가짜의 구분이 사실상 불가능한 수준의 산출물을 만들고, 감별자가 맞히는 확률이 50%, 즉 찍는 거나 다름없는 수준이 되면 학습은 마무리된다.

머신러닝 모델끼리 경쟁을 시켜 고도의 성능을 내는 머신러닝 모델을 만들어낸다는 시도, 참으로 창의적이고 혁신적인 발상이 아닐 수 없다. GAN은 고품질의 이미지를 생성하거나 복원하는 일, 저해상도 이미지를 고해상도로 개선하는 일, 음성 복원이나 합성, 게임 배경 화면 생성, 예술 창작 활동 등에 활용되고 있다. 이 밖에도 신약 개발, 전력, 정보 통신 등 산업계에서 활용하는 사례도 늘어나고 있다.

사실 GAN은 앞서 설명한 군집 분석과 같이 '데이터가 갖는 특성과 규칙성을 자동으로 분석하는 기법'과는 결이 많이 다르다. 분명 학습용 데이터에 정답 레이블을 굳이 만들어 넣지 않고도 학습을 진행할 수 있다는 측면에서 비지도학습인 것은 맞다. 그러나 학습 과정에서 이 데이터가 진짜인지 아닌지 식별 정보가 제공되므로 진정한 비지도학습으로 보기에는 다소 무리가 있다. 그래서 GAN을 반지도학습으로 분류하는 경우도 있다.

☐ GAN 모델의 기본 구조

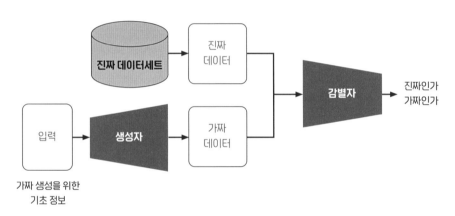

☐ GAN이 만든 가상 인물의 사진

유명인 사진을 바탕으로 GAN이 가상 인물의 사진을 만들어냈다. 출처: 엔비디아

VI

강화학습

강화학습은 주요 머신러닝 기술 중 하나로, 환경과 상호작용해 특정 작업을 최적화하는 기술이다. 시행착오를 통해 최선을 찾는 방식으로 학습한다. 생각과 달리 강화학습은 단순하다. 놀랍게도 그래서 강력하다.

VI

01 강화학습의 원리
시행착오를 거쳐 최적의 행동을 찾아내다

기계학습 3대 유형의 마지막인 강화학습을 살펴보자. 강화학습은 알파고 제로를 가능하게 한 머신러닝 기법으로도 유명하다. 강화학습은 경험과 시행착오에 따른 보상 체계를 기반으로 학습이 이뤄지는 기술이다. 앞서 말한 것처럼 주어진 학습 데이터 같은 것은 없고, '일단 그냥 부딪혀보면서 될 때까지 학습해봐.'라는 식으로 접근한다. 어찌 보면 참 막무가내로 보이는 기법이다.

옆 페이지 그림의 예시는 강화학습의 유명한 예제인 'Frozen Lake' 게임이다. 이 사각형의 테이블은 얼음 호수 표면을 의미한다. 파란색 상자는 출발점, 녹색 상자는 도착점이고, 'H'가 표시된 갈색 상자는 구멍이다. 이 게임의 목표는 출발점에서 시작해 도착점까지 구멍에 빠지지 않고 무사히 도착하는 것이다. 일단 무턱대고 출발하면 당연히 아무런 사전 정보가 없으니 컴퓨터는 계속 구멍에 빠지거나 뱅뱅 돌면서 좀처럼 목표점에 도착하지 못한다. 그렇게 실패를 계속하다가 언젠가는 우연히 목표점에 도착하는 경우가 생긴다.

그럼 그때서야 비로소 보상 점수를 부여하는데, 보상은 녹색 상자 바로 앞에서 녹색 상자로 이동한 마지막 행위에 대해서 주어진다.(빨간색으로 표시된 1점) 그리고 다시 학습을 시작하는데, 마찬가지로 계속 실패하다가 또 우연히 1점이 표시된 박스로 들어서는 경우가 생길 것이다. 그럼 그 행위에 대해 또 상점이 부여된다.(예를 들어 파란색으로 표시된 1점) 이와 같은 행위를 계속 반복하다 보면 어느덧 출발점에서 도착점까지 무사히 갈 수 있는 경로를 알아낸다.

그런데 간단한 게임이므로 이런 막무가내식 학습이 가능한 것이고, 복잡한 현실 문제라면 이러한 방법만으로 학습에 성공하기가 어렵다. 실제 이 기법을 사용할 때에는 일정 기간 죽지 않고 살아만 있어도 보상을 준다든가, 매번 확인된 길만 가는 것이 아니라 일정 비율로 안 가본 길도 가도록 한다든가 하는, 좀 더 복잡한 보상·학습 체계를 적용한다.

☐ 강화학습의 예시, Frozen Lake 게임

S	F	F	F
F	H	F	H
F	F	F	H
H	F	F	G

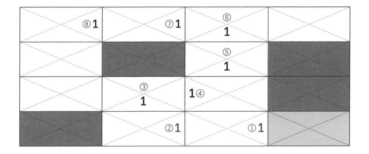

☐ 강화학습으로 구현한 몇몇 사례의 영상 자료

프로즌 레이크 게임

아타리 게임

딥러닝 자동차

로봇 걷기 훈련

강화학습의 활용 사례

로봇·게임·자율주행 등

별것 아닌 기법처럼 보일 수도 있지만, 강화학습은 게임과 같이 제한된 조건과 단순한 작동 규칙이 있는 환경에서 막강한 성능을 보여준다. 지도학습 기법으로 학습해 바둑 황제 이세돌을 이겼던 알파고는 이후 강화학습으로 학습한 알파고 제로에게 완패당했다. 요즘 이족 보행 로봇이 이전 세대보다 훨씬 안정적이고 능숙하게 걷고 뛰며 심지어 아이돌처럼 춤까지 추는 것을 본 적이 있을 것이다. 이 역시 강화학습의 산물이다.

강화학습이 가장 활발하게 적용되는 분야는 게임, 로보틱스, 자율주행 자동차 등이다. 게임의 경우에는 일명 NPC(Non-Player Character)라고 불리는 게임 캐릭터의

☐ 구글의 딥마인드가 강화학습으로 개발한 AI의 게임 플레이 장면

딥마인드가 개발한 AI, 알파스타가 스타크래프트 2 게임으로 인간과 대결했다.

□ 보스턴 다이내믹스가 개발한 로봇의 모습

이족 보행 로봇 아틀라스는 노련하게 물건을 들고 된다.

반응성을 올리고 좀 더 다채롭게 만드는 데 활용한다. 또한 사용자와 맞붙는 가상 상대 또는 가상 팀원을 사람이라고 착각할 만큼 똑똑하게 훈련시키는 일에 사용한다. 게임에 익숙하다면 무슨 말인지 금방 이해가 될 것이다. NPC이든 가상 플레이어이든 똑똑해야 게임이 재미있다.

로봇 개발의 경우에도 강화학습은 유용하다. 로봇이 물건을 안전하게 집어 옮기는 일, 물건을 조립하는 일, 이동하는 일, 주변 장애물을 인식해 적절히 대응하는 일 등 다양한 기능과 동작들을 훈련시키는 용도로 사용한다. 로봇이 행한 동작과 관련해서 지속적인 피드백을 주면, 로봇이 시행착오를 통해 주어진 일에 좀 더 숙달되고 능숙해진다.

자율주행 자동차 개발은 사람의 안전 문제와 직결되는 일이기 때문에 학습 과정에서 다루는 내용들이 많다. 가속, 감속, 주행, 정지, 차선 변경, 돌발 상황 대응과 같은 기본적인 운전 기능은 물론이고, 사고 예방과 교통 정체 방지, 동력 소비 최소화 등 안전하고 정확한 운전에 요구되는 다양한 기능을 개발하는 일에 강화학습이 활용되고 있다. 강화학습은 이외에도 제조 공정의 효율화와 자동화, 금융 자산 운용의 최적화, 자연어 처리 등 다양한 분야에 이용되고 있다.

온실 속 강화학습?
복잡한 문제 대응에서 한계를 보인다

강화학습이 막연하고 단순한 개념의 학습 방법인데도 실현 가능한 것은 주어진 과제들이 앞서 말했듯 상대적으로 제한된 조건, 즉 단순한 상황에서 수행되기 때문이다. 강화학습은 동작에 있어 자유도가 높고 주변 환경이 복잡해 고려해야 할 요소가 많은 현실 문제를 해결하는 데에는 한계가 있다.

가상 환경과 달리 현실 세계에는 예측하기 어려운 변수가 수없이 존재하기 때문이다. 시뮬레이션에서는 아주 멋지게 동작하는 로봇이 현실 세계로 나서는 순간 넘

☐ **구글의 웨이모가 개발 중인 자율주행 자동차**

자율주행은 강화학습만으로 실현하기 어렵다.

어지고 파손되는 등 사고가 나곤 한다. 예를 들어 보행 로봇의 발바닥에 발생하는 마찰력이 시멘트길과 흙길에서 서로 다르다는 이유 하나만으로도 로봇은 넘어질 수 있다. 자율주행 자동차 역시 강화학습만으로는 실제 현실에 모두 대응할 수 없다.

만약 도로 표면에 얇게 형성되는 얼음막인 블랙 아이스를 학습 과정에서 다루지 않았다면 이 자동차는 큰 사고를 낼 수 밖에 없다. 과연 우리가 자동차 운행 중에 발생할 수 있는 예외 상황, 특이 상황, 돌발 상황의 다양한 경우들을 모두 파악할 수 있을까? 강화학습 모델에게 완벽한 시나리오를 주려면 우리가 모든 상황을 파악하고 있어야 하는데, 가능하지 않다. 우리가 모든 경우의 수를 파악하고 분류할 수 없다면, 인공지능 모델에 그 일을 대신 맡겨야 할 텐데, 그렇게 하려면 현실 세계에서 발생할 수 있는 모든 상황을 담은 방대한 데이터가 있어야 한다. 현실적으로 막막한 일이다. 그래서 '완전 자율' 자동차 구현을 위해서는 아직 해야 할 일이 많다. 자율주행 자동차의 상용 제품 출시가 아직까지 지지부진한 이유가 이러한 것들에 있다.

☐ 화성 탐사 로봇 '스피릿 로버'

화성 탐사 임무를 위한 강화학습 모델도 연구되고 있다.

이러한 단점으로 인해 강화학습은 현실 문제 적용에는 한계를 보인다. 그럼에도 불구하고 제한된 환경과 단순한 작동 규칙이라는 조건하에서는 학습 성능이 막강하다는 사실은 큰 장점임이 분명하다. 그래서 머신러닝 분야에서 큰 비중을 차지하고 있으며, 활용 가치가 높고 잠재력이 크다.

VII

대규모 언어 모델

2022년 ChatGPT가 등장하면서 인공지능을 향한 사람들의 관심과 호기심이 엄청나게 올라갔다. 사람들이 열광한 이유 중 하나는 ChatGPT가 마치 '지능이 있는' 것처럼 보였기 때문이다. 인간처럼 여러 가지 일을 두루두루 할 수 있는 범용적 성격까지 보여주는 점도 주목할 만하다. 이 모든 일은 '대규모 언어 모델'이라는 머신러닝 모델이 등장한 덕분이다. 이 장에서 소개할 대규모 언어 모델은 이 책이 다루는 내용들 중 가장 복잡하고 어렵다. 게다가 양도 많다. 이해가 잘 안된다면 천천히 읽거나, 한두 번 다시 읽어보면 좋겠다.

ChatGPT의 등장

처음으로 등장한 지능스러운(?) 인공지능

ChatGPT가 세상을 흔들고 있다. 기대를 받는 만큼 혁신의 아이콘이 될지 좀 더 지켜봐야겠지만, 적어도 변화의 물결에 방아쇠를 당긴 것만큼은 분명하다.

ChatGPT의 등장에 뜨거운 반응이 일고 있는 이유는 비로소 사람을 대신해 사람 역할을 할 수 있는 지적 존재가 나타났다는, 즉 우리가 기대하는 진정한 지능을 갖춘 인공물이 나타난 것 같다는 기대감과 ChatGPT가 지닌 다양한 활용 가치 때문인 것 같다. 사실 ChatGPT는 할 수 있는 것이 많고, 무엇보다도 이를 활용해 만들 수 있는 응용 서비스가 무궁무진하다. 앞으로 이를 기반으로 어떤 서비스들이 등장할지 짐작하기도 쉽지 않다.

ChatGPT를 사용해 본 사람은 ChatGPT가 만들어내는 문장들의 자연스러움과 모르는 게 없는 듯한 풍부한 지식에 감탄한다. 아직 텍스트창을 통한 대화일 뿐이지만, 마치 우리가 영화에서 봐온 것처럼 똑똑하고 합리적으로 판단하며, 주인공을 도와 어려운 상황들을 척척 해결해 주는 진짜 지능처럼 느껴진다. 아직 허점도 있긴 하지만, 실제로 ChatGPT는 질문자의 요구를 거의 정확하게 인지하고, 아주 전문적인 내용도 자세하고 명쾌하게 답변하며, 사회·경제·문화 등 세상 거의 모든 분야를 아우르는 풍부한 지식이 있다. 심지어 ChatGPT는 영어로 작동하는 모델인데도 불구하고 우리말로 한 질문에 우리말로 아주 잘 답변한다. 도대체 이게 어떻게 가능한 걸까? 어떤 메커니즘이기에 이런 대단한 일이 실현되고 있는 걸까?

사실 기술적인 면만 놓고 보자면 ChatGPT는 단지 문장을 잘 생성하도록 기능적으로 훈련된 모델일 뿐이다. ChatGPT는 우리가 기대하는 것처럼 합리적인 의사결정이 가능한 인공적인 지적 존재도 아니고, 사람처럼 상황을 종합적으로 이해하고 판단할 수 있는 능력도 없다. 물론 이것이 전부는 아니다. 그저 문장 생성기로 치부하기에 ChatGPT는 너무나 강력한 성능과 활용 가능성을 지녔다.

☐ ChatGPT가 그린 창작물

변화하고 발전하는 세상을 일러스트로 표현해 달라는 요구에 ChatGPT가 그린 그림

머신러닝의 이슈가 된 LLM
대규모 언어 모델이 인공지능 기술의 이정표가 되다

ChatGPT와 같이 사람과 대화를 하는 모델을 대화형 시스템이라 하는데, 이는 자연어 처리 기술이 사용된 대표적 서비스 중 하나다. ChatGPT는 GPT(Generative Pre-trained Transformer)를 기반으로 만들어졌다. GPT는 자연스러운 문장 생성을 목적으로, 대규모 컴퓨팅 자원과 방대한 양의 데이터를 투입해 만든 일종의 자연어 처리 소프트웨어다. 이와 같은 인공지능 모델을 대규모 언어 모델(Large Language Model, LLM)이라 한다.

LLM은 단일 기초 기술의 결과물이 아니다. 자연어 처리와 딥러닝 계열의 여러 기술이 복합적으로 결합돼 만들어진 응용 서비스다. 따라서 LLM을 이해하려면 몇 가지의 기초 기술들을 이해해야 한다. 그래야 비로소 전체적인 작동 원리를 알 수 있다.

이 모델의 기술 개념을 이해하고 나면, 이 기술들이 어떻게 이와 같은 성능을 낼 수 있는지, 어떻게 이와 같은 결과물을 보여줄 수 있는지 더 의구심이 든다. 대규모 언어 모델이 보여주는 성능은 기술 원리만으로 이해할 수 없다. 기술 이외의 다른 요소들도 함께 봐야 한다. 이 장에서는 ChatGPT와 같은 LLM들이 어떤 기술로 구현됐는지와 더불어, 이와 같은 성능을 낼 수 있게 된 다른 배경도 함께 살펴본다.

머신러닝의 '기초 원리' 측면에서 보면 대규모 언어 모델이라는 주제는 핵심이 아니다. 그러나 현실적으로 이 주제는 머신러닝에서 기초 원리만큼 중요한 이슈가 됐고, 기술적 의미도 지닌다. 현재 인공지능 기술을 전반적으로 이해하려면 이 주제를 그냥 넘길 수 없다. 어쩌면 대규모 언어 모델은 머신러닝 기술 발전의 큰 이정표가 될지도 모른다.

대규모 언어 모델을 이해하기 위해서는 알아야 할 내용들이 적지 않다. 응용 분야이기 때문에 설명 또한 이제까지의 내용들보다는 복잡하다. 그러나 독자 여러분은 지금껏 중요한 기초 지식들을 모두 공부했기 때문에 충분히 이해할 수 있으리라 생각한다. 세부적인 내용까지 들어가지 않고 개념 수준에서 다루기 때문에, 차근차근 집중해서 보면 누구나 이해할 수 있을 것이다. 다시 한번 숨 고르기를 하고 앞으로 가보자.

☐ ChatGPT와 개발사인 OpenAI사의 로고

ChatGPT는 여느 인공지능과 비교할 수 없을 만큼 큰 놀라움을 사람들에게 안겨줬다.

☐ OpenAI와 경쟁하는 구글

이슈화에 한발 늦은 바람에 구글이 OpenAI를 쫓는 형국이지만, 기술 발전 측면에서 구글의 기여가 절대적이라는 점은 부인하기 어렵다.

03 자연어 처리

사람 말을 컴퓨터로 처리하는 기술

컴퓨터는 당연히 사람의 언어를 모른다. 컴퓨터는 숫자만 다룰 수 있다. 그래서 말을 숫자로 바꿔줘야 한다. 컴퓨터가 사람의 말을 듣거나 읽고 해석하고 답변할 수 있게 하려면 사람의 말을 숫자 체계로 변환해야 한다는 뜻이다.

자연어 처리(Natural Language Processing, NLP)는 사람 말을 정제하고 숫자로 변환해, 컴퓨터가 내용 요약, 분류, 번역, 문장 생성, 질의응답 등을 수행할 수 있도록 한다. 나아가 음성인식, 대화 시스템 등의 응용 서비스들을 구현하도록 하는 기술이나 절차를 말한다.

우리가 쓰는 말과 문장은 단어 단위로 쪼개거나 의미를 가진 더 작은 단위인 형태소로 잘게 쪼갤 수 있다. 자연어 처리에서는 이렇게 잘게 쪼갠 하나하나를 토큰(token)이라 부른다. 토큰은 일반적으로 사람 말을 컴퓨터로 처리하는 기본 단위다.

사람 말을 숫자로 바꿔주는 작업은 단순하다. 우리가 말할 때 쓰는 단어들 또는 토큰들을 쭉 나열해 일련번호를 매기면 된다. 이렇게 번호를 매긴 후, 이후 처리는 실제 문자 대신 이 번호들을 사용해 진행하고, 모든 처리가 완료되면 산출된 결과를 다시 문자로 바꿔 출력한다. 이와 같이 토큰들에 일련번호를 매겨주는 작업을 '인덱싱'이라 하고, 토큰들을 나열한 집합을 어휘 목록(vocabulary)이라 부른다.

목록은 목적에 따라 크기가 달라진다. 간단한 문서 분류가 목적이라면 목록은 수백에서 수천 개의 토큰으로 구성되고, GPT와 같이 범용 언어 시스템을 만드는 경우에는 해당 언어의 어휘 전체, 즉 수만에서 수십만 개의 크기가 될 수도 있다.

그런데 이 단어들, 즉 토큰들을 그냥 의미 없이 나열한 목록 상태에서 사용하는 것보다는 그 단어의 의미나 품사 등의 특성 정보들을 담은 '어휘 집합 체계'로 고도화해 사용하면 자연어 처리 과정에서 극적인 성능 향상을 가져올 수 있다. 이와 같이 단어를 각각의 '특성이 담긴' 숫자 체계로 변환하는 작업을 워드 임베딩(Word Embedding)이라 한다. 구체적인 내용은 뒤에서 다루겠다.

☐ 자연어 처리의 개념

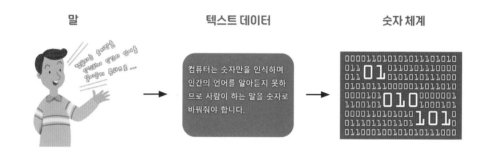

| 말 | 텍스트 데이터 | 숫자 체계 |

사람 말을 컴퓨터로 처리하기 위해서는 말을 숫자 체계로 변환해야 한다.

☐ 문장을 토큰으로 쪼개기

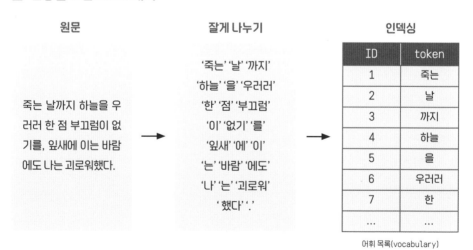

ID	token
1	죽는
2	날
3	까지
4	하늘
5	을
6	우러러
7	한
...	...

어휘 목록(vocabulary)

사람이 말하는 문장을 컴퓨터로 처리하려면 문장을 작은 단위로 잘게 쪼개야 한다.

VII

04 | 자연어 처리로 구현되는 주요 기능들

번역·질의응답·문장 생성, 말과 관련한 작업을 하다

어휘 목록을 준비하는 작업이 끝나면 비로소 문서 분류, 번역, 문장 생성, 질의응답 등의 구체적인 기능을 구현하는 절차로 들어간다. 언급한 기능들은 자연어 처리 기술이 활용되는 대표적인 주제들인데 조금 더 자세히 설명하자면, 문서 분류는 주어진 문서가 어떤 범주에 속하는지, 예를 들어 뉴스라면 해당 뉴스가 '정치, 사회, 경제, 생활, 세계, 스포츠, 연예' 등과 같은 여러 범주 중 어디에 해당하는지 분류하는 것을 말한다.

질의응답은 사용자에게 받은 질문을 분석해 요점을 파악하고, 답변에 필요한 정보들을 찾아 결과를 다시 문장으로 만들어 사용자에게 돌려주는 것을 말한다.

이 언어를 저 언어로 바꾸는 번역도 자연어 처리 기술이 중요하게 다루는 주제다. 단순한 일 같지만, 제시된 원문의 맥락을 제대로 이해한다는 것이 생각보다 쉽지 않아서 난도가 높은 주제에 해당한다.

문장 생성은 최대한 자연스러운 문장을 생성하는 기술인데, 일반적으로 지금 주어진 토큰의 다음 토큰으로 어떤 것이 가장 적합한지를 예측하는 방식으로 작동한다. 자연스러운 문장 생성을 위해 만들어진 머신러닝 모델을 언어 모델(Language Model, LM)이라 한다.

언어 모델은 기계번역, 질의응답, 챗봇 등을 구현하는 기반 모델로 쓰일 수 있기 때문에 중요한데, 이를 아주 잘 수행하도록 알고리즘을 정교화하고 학습 규모를 천문학적 단위로 키워 만든 것이 BERT나 GPT와 같은 대규모 언어 모델이다. 그리고

GPT를 대화형 시스템으로 특화한 것이 ChatGPT다. 어려운 내용들이 한꺼번에 너무 많이 쏟아진 것 같다. 뒤에서 차근차근 살펴볼 예정이니 여기에서는 일단 이런 것들이 있구나 하는 정도로만 이해하자.

참고로 이후에는 토큰 대신 '단어'라는 말을 쓰고자 한다. 자연어 처리의 기본 단위는 토큰이지만, 개괄적인 개념과 기초 원리를 살펴보는 수준에서는 단어라는 용어로 대체해 사용해도 내용상 크게 무리가 없고, 내용 이해가 편하기 때문이다.

☐ 주제에 따라 뉴스를 분류하는 기능

☐ 네이버 파파고의 기계번역

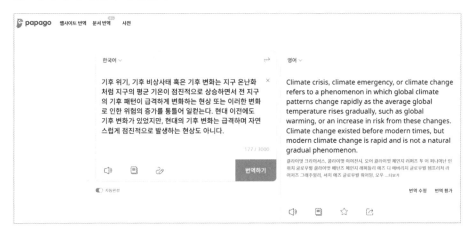

자연어 처리 기술의 도약
딥러닝 기술로 자연어 처리 성능이 크게 향상하다

자연어 처리는 머신러닝 기초 기술의 주요 응용 분야 중 하나다. 우리가 이제까지 살펴봤던 기초 기술들이 복합적으로 응용돼 괄목할 만한 성과를 내고 있는 분야다.

사실 자연어 처리는 컴퓨터로 다루기 매우 까다로운 분야 중 하나였다. 보통 언어학적 이론, 통계학적 기법이 주를 이루던 분야였는데, 이 분야 또한 머신러닝, 딥러닝 기술이 등장하면서 판도가 바뀌었다.

2010년대까지만 해도 기계번역(컴퓨터 소프트웨어로 하는 번역) 서비스는 사용자가 별로 많지 않았다. 번역 품질이 그리 좋지 않았기 때문이다. 이용해 본 사람은 알겠지만 문장의 맥락을 잡아내지 못하고 횡설수설하는 경우가 많았다.

사람의 음성을 듣고 텍스트로 변환해 주는 음성인식 기능도 인식률이 낮아 잘 쓰이지 않았고, 스캔한 문서를 텍스트로 변환하는 OCR(Optical Character Recognition, 광학 문자 인식)도 정확도가 낮아 이용하는 사람이 별로 없었다.

그런데 딥러닝 기술이 등장하면서 이런 서비스들의 성능이 대폭 향상됐다. 기계번역은 '오, 이 정도면 쓸 만해.'라고 느낄 정도로 좋아졌고, 음성인식도 요즘 스마트폰으로 문자를 입력할 때 키보드 대신 말로 입력하는 사람들이 늘어날 만큼 좋아졌다. AI 스피커나 내비게이션의 음성인식률도 훌륭하다. 이미지 파일의 텍스트를 판독해 변환하는 OCR은 이제 사람 못지않은 정확도를 보인다.

특히 기계번역의 성능은 최근 LLM의 등장 이후 한 단계 더 도약했다. ChatGPT

ChatGPT와 대화하는 모습

ChatGPT가 굉장히 능숙하게 문장을 만들어준다. 그런데 이 문장들의 내용을 함부로 모두 믿어서는 안된다. 정확하지 않은 내용들이 포함돼 있을지도 모르기 때문에 꼭 검토한 후에 사용해야 한다.

OCR 작업 절차

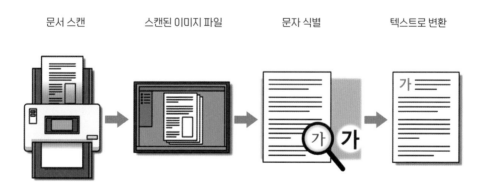

OCR은 이미지 형태로 있는 문자를 인식해 텍스트 포맷으로 변환하는 기술이다. 예를 들어 스캔된 문서 파일의 글자들을 자동으로 인식해 텍스트 파일로 변환하는 것이다.

는 우리말로 입력된 질문을 영어로 번역하고, 질문의 답을 영어로 생성한 후, 이를 다시 우리말로 번역해 사용자에게 출력해 주고 있는데, 그 과정에서 번역된 내용을 보면 그야말로 깜짝 놀랄 수준이다. 이제 정말 영어 공부를 안 해도 되는 세상이 오는 건가 싶다.

워드 임베딩의 기본 개념
단어를 의미나 문법 특성이 담긴 수치로 표현한다

대규모 언어 모델을 이해하는 데 필요한 몇 가지 기술 개념들을 살펴보고 가자. 자연어 처리를 위해 단어들을 숫자 체계로 변환하는 데 있어, 우리가 사용하는 단어들을 단순히 순차적으로 나열해 기계적으로 번호를 매겨주는 것보다는 각 단어들의 의미나 문법 등 언어 특징을 학습한 어떤 특성값 형태로 표현하면 좋은 성능을 가진 서비스를 만드는 데 큰 도움이 된다.

만약 프랑스어를 전혀 모르는 두 사람에게 프랑스어 문장을 주면서 이것이 무슨 말인지 번역해 달라고 부탁했는데, 그때 한 사람은 맨손이고 다른 한 사람은 프랑스어 사전을 들고 있다면 누가 더 유리할까?

컴퓨터가 단어들의 특성을 담은 어휘 집합 체계를 가지고 있는 것은 이와 비슷하다. 번역, 문서 분류, 대화 등 각종 자연어 처리 기능을 구현하는 데 있어 컴퓨터가 마치 해당 언어의 사전을 들고 일하는 것과 비슷하다. 이와 같이 각 단어들을 특성 정보가 포함된 숫자 체계로 표현하는 일 또는 그렇게 만들어진 단어 표현값을 '워드 임베딩'이라 부른다. 142쪽 그림에 있는 예시를 참고하자. 워드 임베딩으로 단어 'happy'를 표현한 예시다.

워드 임베딩을 만들기 위한 학습은 사실 개념이 단순하다. 워드 임베딩의 대표적인 알고리즘인 Word2Vec이라는 모델을 예로 들자면, 이 모델은 학습 과정에서 주어진 문장 속에 있는 한 단어를 보고 그 단어의 주변 단어들을 예측하거나, 반대로 주변 단어들을 보면서 가운데 단어를 맞히는 방법으로 학습한다. 주어진 가설식을 사용해 숨겨진 단어들을 예측하면서 잘 맞힐 때까지 가중치 설정값들을 계속 수정하는 것이다.

이와 같은 학습을 아주 많은 대량의 문장들, 즉 말뭉치를 가지고 진행한다. 사전 학습된 Word2Vec 모델은 위키피디아, 뉴스 기사, 인터넷 웹페이지 등에서 수집한 억 단위 규모의 단어를 가지고 학습을 진행했다고 한다.

이렇게 단순한 방법으로 학습했을 뿐인데도 이 모델이 단어를 숫자 체계로 표현한 값, 즉 워드 임베딩값에는 각 단어의 의미적, 문법적 특성들이 잘 담겨 있다. 대량의 텍스트 데이터를 학습한 결과다.

☐ 단어를 워드 임베딩으로 표현한 예시

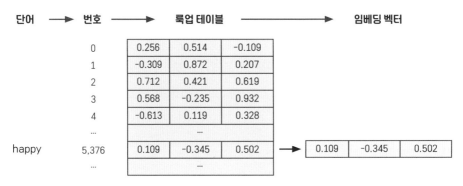

학습 과정을 통해 단어의 특성을 담은 값들이 만들어진다.

학습이 완료된 워드 임베딩으로부터 단어 'happy'의 임베딩값을 얻는 과정이다.

☐ 워드 임베딩 모델의 학습 예시 – Word2Vec 알고리즘

Yesterday the weather was cloudless and sunny ...
Yesterday the weather was cloudless and sunny ...
Yesterday the weather was cloudless and sunny ...
Yesterday the weather was cloudless and sunny ...
Yesterday the weather was cloudless and sunny ...

가운데 단어   주변 단어들

142

VII
07 워드 임베딩이 단어를 표현하는 방법

다차원 공간상의 좌푯값으로 단어를 배치한다

워드 임베딩을 통해 숫자 체계로 변환된 각 단어는 하나의 좌푯값으로 표현된다. 워드 임베딩 모델에는 '차원'이라는 속성이 있는데, 이는 단어의 특성을 얼마나 많은 요소로 나눠 표현할지를 결정하는 속성이다. 차원이 클수록 단어의 특성을 여러 개의 값으로 나눠서 좀 더 세부적으로 표현할 수 있다.

만약 차원을 3으로 설정한 워드 임베딩 모델이라면, 각 단어의 언어 특성들을 요소 3개에 응축해 담는다. 이 요소값들은 예를 들어 '0.256, 0.514, -0.109'와 같은 실수값으로 표현돼 해당 단어를 설명하는 특성값이 된다. 우리가 이 숫자들의 의미를 알기는 어렵다. 텍스트 데이터의 학습 과정을 통해 '컴퓨터가' 설정한 가중치 집합으로 구성된 수식이 만든 값이기 때문이다. 다만 일관된 의미 관계나 문법적 체계가 학습을 통해 이 숫자 체계에 담기고 있음을 결과적으로 확인할 수 있을 뿐이다.

이와 같이 단어의 특성이 요소 3개로 표현된 경우에는 이것을 3차원 가상 공간의 형태로 표현해 볼 수 있다. 이를 시각화해 표현한 예시가 144쪽의 그림

☐ 단어를 워드 임베딩으로 표현한 예시

Word	Vector
cat	[0.256, 0.514, -0.109]
dog	[-0.309, 0.872, 0.207]
house	[0.712, 0.421, 0.619]
car	[0.568, -0.235, 0.932]
tree	[-0.613, 0.119, 0.328]
apple	[0.403, -0.607, -0.213]
happy	[0.109, -0.345, 0.502]
computer	[0.825, 0.702, -0.443]
book	[0.639, -0.532, 0.125]
music	[-0.216, 0.434, 0.718]

이다. 그리고 옆에 있는 QR 코드 링크의 사이트에 들어가보면, 사전 학습된 워드 임베딩을 통해 좌표로 표현된 단어들의 공간적 관계를 볼 수 있다.

실제로 워드 임베딩으로 표현된 단어들을 보면 특성이 가까운 단어들은 공간상에 가깝게 위치한다. 예를 들어 '사과'와 '배' 같은 공통점이 있는 단어들은 서로 가까이 위치하고, '달리다' '뛰다'와 같이 의미가 같은 단어들 역시 가까이에 있으며, '예쁘다' '달다' '시원하다' '깊다'와 같이 문법적 특성이 같은 단어들 역시 가까운 거리에 위치한다.

임베딩(embedding)이라는 영어 단어는 목적물을 어떤 공간에 배치한다는 의미가 있다. 단어를 표현하는 구성 요소를 몇 개로 할지는 모델을 설계하는 사람이 정하면 되는데, 만약 이를 16으로 설정했다면, 이 모델에서는 각 단어를 16개의 특성값으로 표현하고, 이는 개념적으로 각 단어를 16개 차원을 갖는 가상 공간의 한 점으로 표현한다고 이해할 수 있다. 물론 3차원 이상의 공간 개념은 수학적으로 생각해 볼 수 있는 개념이고, 직관적으로 이해하긴 어렵다.

대규모 언어 모델을 탄생시킨 딥러닝 기술인 '트랜스포머'는 각 단어를 512차원으로 표현했다. BERT는 768차원의 워드 임베딩을 사용했다. GPT-3는 1,280차원을 사용했다고 알려져 있다.

◻ **워드 임베딩을 공간상에 표현한 모습**

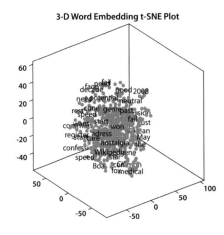

워드 임베딩
projector.tensorflow.org

144

전이학습의 기본 개념
학습의 출발점을 달리하다

대규모 언어 모델을 이해하기 위해 알아야 할 또 하나의 중요 개념은 전이학습(Transfer Learning)이다.

"전이학습? 뭘 전이한다는 거지? 인공지능이 다른 인공지능에게 능력을 전이한다고? 그게 가능해?"

그렇다. 가능하다. 그런데 우리가 상상하는 것처럼 마치 인공지능이 다른 인공지능의 능력을 흡수해 자가 발전할 것 같은, 그런 무서운(?) 개념은 아니다.

앞 내용들을 통해 인공지능이 학습하는 기본 원리를 이해한 사람이라면 전이학습이 어떤 개념일지 짐작할 수 있다. 한번 추측해 보자. 학습이 완료된 머신러닝 모델이 이제 막 학습을 시작하려는 모델에게 무엇을 전이할 수 있을까?

여러분이 여기에서 만약 '가중치'를 떠올렸다면 아주아주 훌륭하다! 더는 말이 필요 없을 만큼 이 책을 잘 이해하고, 잘 따라오고 있다.

전이학습은 이미 학습이 완료된 머신러닝 모델이 새로운 모델에게 자신의 가중치 설정값을 전수해 주는 것을 말한다. 일반적으로 인공지능을 학습시킬 때 개발자들은 가중치의 초깃값을 1이나 0 같은 단순한 값 또는 랜덤값으로 설정한다. 그런데 사실 이 초깃값을 어떻게 설정하느냐 하는 문제는 학습을 효과적으로 진행하기 위해 진지하게 고려해야 하는 중요한 문제다.

가중치의 초깃값 설정은 학습의 시작점을 설정하는 일인데, 용도가 비슷한 모델이 학습을 통해 찾아낸 가중치값을 새로 학습시키려는 모델의 초깃값으로 설정하는 것은 좋은 성능을 내는 모델을 쉽게 만드는 아주 영리한 방법이다. 마치 달리기 경주를 하는데, 한참 앞쪽에서 출발할 수 있는 것과 같다.

예를 들어 고양이 사진을 잘 식별해 내는 모델의 가중치값들을 강아지 사진을 식별하기 위한 모델의 초기 설정값으로 사용하면 훨씬 적은 데이터와 학습 횟수로도 좋은 모델을 만들 수 있다. 맞춤형 영화 추천을 잘하는 인공지능의 가중치 설정값을 음악 추천 모델에 적용하면 적은 비용으로 빠르게 좋은 모델을 만들 수 있다. 마찬가지로 문장 생성을 잘하는 언어 모델의 가중치값을 활용하면 유창한 대화 시스템도 빠르게 만들 수 있다. 현재 전이학습은 좋은 성능을 내는 인공지능 서비스를 만들기 위해 고려하는 보편적인 기법이 됐다.

☐ 전이학습은 학습의 출발점이 다르다

학습이 상당히
진행된 가중치값

랜덤값 또는 1이나 0

학습이 완료된 모델의 가중치값을 새로운 모델의 초깃값으로 이용하는 일은 마치 달리기에서 앞서 출발하는 것과 비슷하다.

자연어 처리 분야에서의 전이학습

사전 학습한 워드 임베딩과 LLM을 이용한다

자연어 처리에 획기적인 성능 향상을 가져온 전이학습 적용 사례는 크게 두 가지를 들 수 있다. 사전 학습된 워드 임베딩을 사용하는 것과 사전 학습된 대규모 언어 모델을 사용하는 것이다.

앞서 설명한 것처럼 워드 임베딩 기술은 자연어 처리에서 모델의 성능 향상에 큰 도움이 되기 때문에 서비스 개발 과정에서 보편적으로 사용된다. 그런데 Word2Vec과 같이 대규모 말뭉치를 사용해 사전 학습된 워드 임베딩 모델이 무료로 제공되고 있기 때문에 전이학습의 개념으로 이를 활용하는 경우가 많다. 워드 임베딩을 직접 구현하지 않고 앞에서 예시로 든 워드 임베딩 모델 같은 것들을 바로 가져다 사용하는 것이다. 사전 학습된 워드 임베딩을 그대로 가져다 쓸 수 있고, 용도에 맞게 추가 학습시켜 사용할 수도 있다.

사전 학습된 대규모 언어 모델 역시 마찬가지다. 그대로 쓰거나 용도에 맞게 추가 학습시켜 사용할 수도 있다. 사전 학습된 대규모 언어 모델로부터 전이를 받은 가중치 설정값을 새로운 모델이 학습의 시작점으로 사용해 추가 학습을 진행한다. 원하는 용도로 모델을 특화하려고 추가 학습을 통해 가중치를 미세 조정하는 과정을 '파인튜닝'(Fine-Tunning)이라 한다.

보통의 경우, 인공지능 모델은 각각 용도가 다르기 때문에 유사 모델로부터 전이받았다고 해도 추가 학습이 필요하기 마련이다. 예를 들어 복숭아 사진을 판독하는 모델을 만들기 위해 사과 사진 판독 모델로부터 가중치를 전이하더라도, 이 모델은 복숭아 사진들을 활용한 추가 학습을 진행해야 한다.

　그런데 사전 학습된 대규모 언어 모델을 전이학습한 경우, 추가 학습을 생략하는 경우가 종종 있다. 그냥 사용하기도 한다는 말이다. 사진 판독 모델로 비유하자면, 마치 세상 모든 개체의 사진을 대부분 다 학습한 사진 판독 모델이 있어서, 과일은 물론이고 동물, 자동차 등의 사진도 잘 판독하며, 복잡한 사진 속의 개체들을 추출하는 것도 잘하는 모델이 있는 것이다. 웬만한 일들을 다 잘해서 굳이 추가 학습 없이 그냥 쓰면 되는 것과 같은 상황이다. 어떻게 이런 일이 가능한지는 뒤에서 알아보자.

☐ 대규모 언어 모델의 전이학습 개념

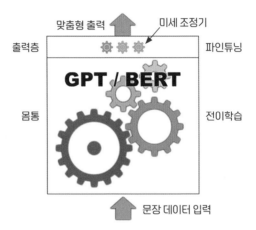

☐ 미세 조정과 학습 모델

기존 모델에 추가 학습을 시켜 가중치를 미세 조정하면, 원하는 용도의 모델로 특화할 수 있다. 이런 과정은 마치 악기나 시계를 미세하게 튜닝하는 것과 같다.

대규모 언어 모델의 전이학습
전이해 주는 모델에 크게 의존한다

　　사전 학습된 대규모 언어 모델을 전이학습해 만든 서비스는 서비스를 구현하는 주인공이 누구인지 헷갈릴 지경이다. 서비스를 작동시키는 핵심이 전이를 받은 새로운 모델인지 전이해 준 대규모 언어 모델인지 헷갈릴 정도로 전이학습의 역할이 크다는 이야기다.

　　아직 대규모 언어 모델이 작동하는 기술 개념과 원리를 살펴보지 않았기 때문에 149~153쪽에서 설명하는 내용들이 개운하게 이해되지는 않겠지만, 뒤에서 따로 다루므로 일단 지금은 대규모 언어 모델이 전이학습에 대략 어떤 방식으로 사용되는지 개괄적인 내용만 이해하자.

　　대규모 언어 모델을 활용하는 전이학습은 대규모 언어 모델을 통째로 사용하는 방식으로 진행된다. 150쪽의 그림처럼 대규모 언어 모델을 몸통으로 삼고, 그 위에 구현하고자 하는 기능에 필요한 모듈을 얹는다. 몸통에 추가 모듈을 얹은 뒤, 추가 학습 데이터를 사용해 용도에 맞게끔 가중치를 미세 조정해 쓰기도 하고, 이러한 절차 없이 바로 쓰기도 한다.

　　이렇게 만들어진 모델은 다음과 같이 작동한다. 예를 들어 영화 리뷰가 긍정적인지 부정적인지 분석하는 감성 분석 모델을 만들었다고 가정해 보자. 분석 대상 문장은 일단 대규모 언어 모델로 입력된다. 입력된 문장은 대규모 언어 모델의 가설식을 통과하면서 문장의 특성을 표현하는 다차원의 좌푯값으로 환산된다. 이것을 '대규모 언어 모델이 문장을 분석한다.'라고 말한다.

대규모 언어 모델이 전달한 특성값을 추가 모듈인 감성 분석 모듈이 받아서 이 문장이 긍정인지 부정인지 분류한다. 애당초 긍정/부정을 판단하기 위해 학습된 모델도 아닌데, 이 특성값을 분석하면 긍정인지 부정인지 판단할 수 있다. 신기한 일이지만, 이것은 그만큼 대규모 언어 모델이 입력된 문장을 포괄적으로 이해하고 있음을 말해준다.

여기에서 감성 분석 모듈이란 우리가 앞서 살펴봤던 이진분류 모듈이다. 만약 '긍정/부정/중립'으로 분류하고자 한다면 '다중분류' 모듈을 붙이면 된다. 같은 방법들이 문서의 카테고리 분류, 문장 내 개체명 인식, 질의응답 등 다양한 자연어 처리 과정에 유사하게 적용된다.

이는 마치 대규모 언어 모델을 모터로 삼고, 그 모터에 필요한 부품을 결합하는 것과 비슷하다. 모터에 팬을 달면 선풍기, 흡입기를 달면 청소기, 바퀴를 달면 자동차, 스크루를 달면 배가 되는 것과 같다.

☐ BERT를 전이학습한 영화 리뷰 긍정/부정 분류 모델의 개념도

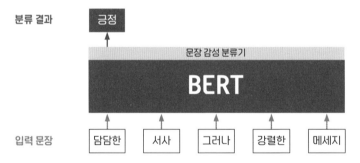

☐ BERT를 전이학습한 개체명 인식 모델

VII
11 | 다용도로 전이학습되는 대규모 언어 모델

문장을 포괄적으로 이해하고 있어 다용도로 활용할 수 있다

사전 학습된 대규모 언어 모델을 전이학습함에 있어 주목할 만한 것은 몸통, 즉 대규모 언어 모델은 용도에 따라 특화하는 과정이 없다는 것이다. 감성 분석과 개체명 인식, 품사 태깅, 질의응답 등은 분명 다른 일이다. 그런데 분석할 문장을 대규모 언어 모델에 전달하고 돌려받은 결괏값을 활용하면, 이런저런 용도의 서비스로 작동된다. 그냥 분석이 필요한 문장을 입력하고 결괏값을 전달받아, 용도에 맞게끔 변형해 사용하는 것뿐인데 원하는 산출물이 나오는 것이다. 물론 용도별로 가중치 미세 조정을 위한 추가 학습 과정을 거치지만, 그야말로 미세 조정이고 그마저 안 하기도 한다.

이것은 대규모 언어 모델이 입력받은 문장을 분석해 돌려주는 값, 즉 문장 내 단어 또는 문장 자체를 가상 공간의 좌표로 표현한 값이 주어진 문장의 다양한 특성을 우리가 상상하는 것 이상으로 아주 잘 담고 있음을 뜻한다. 담겨 있는 정보가 포괄적이고 종합적인데 섬세하기까지 해서 어떤 용도로 사용해도 잘 작동하는 것이다. 물론 그 수치 체계는 인공지능이 학습 과정에서 기계적으로 형성한 것이기 때문에 사람이 해석하기는 쉽지 않다. 152쪽의 자료는 대규모 언어 모델이 주어진 문장을 숫자 체계로 변환, 즉 좌표화해 출력한 예시다.

주어진 문장을 포괄적으로 이해하고, 이를 수치화해 표현할 수 있는 능력 때문에 대규모 언어 모델을 '사람의 언어를 종합적으로 학습한 자연어 처리 분야의 범용 모델'이라 말하기도 한다.

☐ 대규모 언어 모델을 사용해 주어진 문장을 좌표화한 예시

0.23456789	-0.12345678	0.98765432	-0.45678901	0.3456789	-0.56789012
0.78901234	-0.89012345	0.90123456	-0.12345678	0.23456789	-0.98765432
0.45678901	-0.34567890	0.56789012	-0.78901234	0.89012345	-0.90123456
0.12345678	-0.23456789	0.98765432	-0.45678901	0.34567890	-0.56789012
0.78901234	-0.89012345	0.90123456	-0.12345678	0.23456789	-0.98765432
0.45678901	-0.34567890	0.56789012	-0.78901234	0.89012345	-0.90123456
0.12345678	-0.23456789	0.98765432	-0.45678901	0.34567890	-0.56789012
0.78901234	-0.89012345	0.90123456	-0.12345678	0.23456789	-0.98765432
0.45678901	-0.34567890	0.56789012	-0.78901234	0.89012345	-0.90123456
0.12345678	-0.23456789	0.98765432	-0.45678901	0.34567890	-0.56789012

대규모 언어 모델인 BERT에 "I love playing soccer."라는 문장을 입력하고, 이에 대한 특성값을 출력하도록 했을 때의 출력값이다. 이 경우는 문장을 64개의 특성값, 즉 64차원의 좌푯값으로 표현했다. 이 값들에는 문장의 의미와 문맥 정보가 담겨 있다. 각 요소값은 문장에 담긴 여러 측면의 특성을 표현한다. 실제 BERT는 출력값을 768차원, 1024차원 등 훨씬 큰 차원으로 표현한다.

☐ GPT를 전이학습한 '다음 단어 출력 모델'

전이학습을 이용하면 파인튜닝 없이 구현할 수 있다.

대규모 언어 모델의 등장으로 인해 자연어 처리 분야에서는 전이학습을 우선 검토하는 것이 거의 상식이 됐다. 사전 학습된 대규모 언어 모델들의 성능이 워낙 뛰어나기도 하거니와 무료로 사용할 수 있는 경우가 많기 때문에 고려하지 않을 이유가 없다.

대규모 언어 모델의 등장, 그리고 이를 손쉽게 전이학습으로 활용할 수 있는 환경은 자연어 처리 서비스의 성능 향상에 지대한 영향을 끼치고 있다. ChatGPT 역시 앞서 말한 것처럼 사전 학습된 대규모 언어 모델인 GPT를 전이학습해 사람과의 대화에 특화한 인공지능 서비스다.

VII

12 언어 모델의 기본 개념
단어 뒤에 어떤 단어가 오는지를 예측한다

이제 언어 모델이 무엇인지, 어떻게 작동하는지 알아보자. 언어 모델은 단순하게 보면 지금 주어진 단어의 다음 단어로 무엇이 가장 적절한지를 예측하는 모델이다. 'IV 딥러닝'에서 설명했던 RNN의 작동 방식 예시가 일종의 언어 모델이었다. 현재까지의 문자 열 구성을 참고해 다음 문자를 예측하는 예시였는데, 똑같은 원리로 현재까지의 단어 열 구성을 참고해 다음 단어를 예측하는 것이 RNN 기반 언어 모델이다.

언어 모델을 학습시키려면 어떤 데이터가 필요할까? 문장을 생성하는 모델이므로 문장 데이터를 많이 확보하면 된다. 학습용으로 주어진 문장 데이터를 활용해, 지금 보고 있는 단어 뒤에는 어떤 단어가 등장했는지만 계속 확인하며 잘 맞힐 때까지 학습하면 된다. '정말 그게 다야?'라고 생각할 수 있지만 실제 그렇다.

예를 들어 "모든 것은 마음먹기에 달렸어."라는 문장이 학습 모델에 주어지면 컴퓨터는 '모든'이라는 단어 뒤에 '것은'이라는 단어가 왔다는 사실을 확인해 이를 잘 맞힐 수 있도록 가중치를 조정한다. 다음으로 '모든' + '것은' 뒤에는 '마음'이 등장했다는 것을 학습하고, 그다음으로는 '모든' + '것은' + '마음' 뒤에는 '먹기에'가 왔다는 것을 확인해 가중치를 조정한다.

이런 학습은 앞 단어부터 순차적으로 이뤄지기도 하고, 문장의 뒤에서부터 거꾸로 진행되기도 하며, 문장 중간의 단어를 감추고 맞히는 식으로 진행되기도 한다. 이 중 어떤 방법으로 진행할지는 모델의 용도, 학습 데이터의 특성 등을 고려해 개발진이 선택한다.

학습이 완료된 모델은 문장 생성을 위한 최초 입력값이 주어지고 나면 그 이후 단어를 순차적으로 예측한다. 예를 들어 '모든'이라는 단어가 주어지면 다음 단어로 '것은'을 예측하고, '모든' + '것은'의 다음 단어로 '마음'을 예측하는 식이다. 이것이 기본적인 언어 모델의 실체다.

☐ 언어 모델의 문장 데이터 학습하기

순방향 학습

모든
모든 것은
모든 것은 마음
모든 것은 마음 먹기에
모든 것은 마음 먹기에 달렸어

역방향 학습

달렸어
먹기에 달렸어
마음 먹기에 달렸어
것은 마음 먹기에 달렸어
모든 것은 마음 먹기에 달렸어

빈칸 맞히기 학습

모든 것은 마음 먹기에 달렸어
모든 것은 마음 먹기에 달렸어
모든 것은 마음 먹기에 달렸어
모든 것은 마음 먹기에 달렸어
모든 것은 마음 먹기에 달렸어

VII

13 | 언어 모델 개념의 확장
언어 체계를 담고 있는 모델이 등장하다

언어 모델 역시 전통적으로 통계적 확률 방식이 주축이었던 분야다. 그러나 딥러닝 기반의 언어 모델이 기존 기법들의 한계를 극복하고 월등한 성능을 보여주면서 판도가 완전히 바뀌었다. 언어 모델은 딥러닝 모델인 RNN을 중심으로 한동안 발전했고, 최근에는 RNN의 단점을 극복한 트랜스포머가 언어 모델의 대세가 됐다.

대규모 언어 모델은 말 그대로 학습을 대규모로 진행한 언어 모델이다. 학습에 사용한 데이터양도 어마어마하고, 가설식이 갖는 변수의 개수도 어마어마하다. 물론 이를 학습시키기 위해 투입된 컴퓨팅 자원도 엄청나다. 그만큼 대단한 성능을 보여주고 있어 자연어 처리 서비스 개발에 혁신을 일으키고 있다. 대규모 언어 모델의 등장이 언어 모델이라는 말의 정의를 바꿔놓고 있을 정도다.

그간 '언어 모델'이라는 말은 개념적으로 다음 단어를 예측하는 모델을 의미했으나, 최근에는 '언어 체계를 종합적으로 이해하고 각종 자연어 처리에 범용으로 사용할 수 있으며, 주어진 문장을 분석해 수치화하는 모델'을 일컫는 말로 의미가 확대되고 있다. 적어도 대규모 언어 모델에서는 그렇다.

대규모 언어 모델이 무엇인지 살펴보기 전에 기억하고 가야 할 것은 아무리 큰 언어 모델이라 할지라도 실제 학습의 기초 원리는 앞에서 배운 머신러닝 원리가 그대로 사용된다는 것이다. 많이 복잡하긴 하지만 언어 모델의 가설식도 결국 변수와 가중치, bias로 구성된 것이다. 컴퓨터가 주어진 문제를 잘 맞힐 때까지 가중치와

bias를 계속 갱신하는 방법으로 학습한다. 어떻게 갱신할까? 경사하강법 알고리즘이 똑같이 사용된다. 모든 머신러닝 기술의 밑바탕에는 늘 이 원리가 있다는 것을 기억하자.

일반적 언어 모델

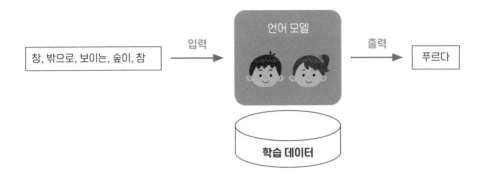

대규모 언어 모델

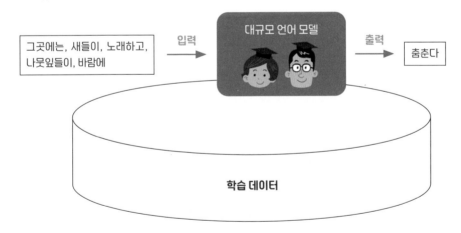

대규모 언어 모델도 다음 단어를 예측해 문장을 생성하는 모델이지만, 언어 체계를 종합적으로 이해하기에 생성한 문장의 품질이 월등하다. 일반적 언어 모델은 특정 용도를 정하고 만드는 반면, 대규모 언어 모델은 언어 자체를 이해하도록 학습시키기 때문에 각종 자연어 처리에 다용도로 사용할 수 있다.

VII

14 인코더-디코더 모델

데이터 열을 입력받고 대응되는 데이터 열을
출력한다

　자연어 처리 기술로 구현해야 하는 서비스 중에는 '문장을 입력' 받고 거기에 상응하는 '문장을 출력'해야 하는 경우가 자주 있다. 예를 들어 사람과 컴퓨터가 대화를 주고받거나, 한국어 문장을 주면 영어 문장으로 번역해 주는 경우가 이에 해당한다. 이와 같이 일련의 '데이터 열'을 입력받고 대응되는 '데이터 열'을 출력하는 모델을 인코더-디코더 모델이라 한다.

　문장뿐만 아니라 이미지나 음성과 같은 다양한 형식의 데이터 열을 입력받고, 이에 상응하는 문장을 생성하는 언어 모델을 일컫는 말이기도 하다. 대화 시스템이나 기계번역을 위한 인코더-디코더 모델에서 인코더란 사용자가 입력한 문장을 분석해 컴퓨터가 이해할 수 있는 숫자 체계, 즉 임베딩값으로 변환하는 모듈을 말하며, 디코더란 입력 정보에 상응하는 출력 문장을 생성하는 모듈을 말한다.

　옆 페이지의 그림은 RNN 기술을 기반으로 구현된 인코더-디코더 모델인 Sequence-to-Sequence(seq2seq) 모델의 개념을 단순화해 표현한 것이다. 이 경우는 번역 기능의 예시인데, 좌측이 번역할 문장을 입력받는 인코더이고, 우측이 번역된 문장을 출력하는 디코더다. seq2seq 모델에서 인코더가 하는 역할은 입력받은 문장 내 앞뒤 단어들 사이의 관계적 특성을 담아, 해당 문장을 하나의 임베딩값으로 변환하는 것이다. 디코더가 하는 역할은 인코더로부터 전달받은 임베딩값이 담고 있는 정보, 즉 입력 문장이 갖고 있는 의미와 여러 특성에 가장 충실한 출력 문장을 대상 언어로 생성하는 것이다.

앞에서 배운 워드 임베딩이 각 '단어'의 의미나 연관성 등 특성을 반영해 이를 가상 공간의 좌표로 표현하는 것이었다면, 인코더-디코더 모델에서 인코더가 하는 일은 '문장을 한 좌푯값으로 변환'하는 것, 즉 '문장을 임베딩'하는 것으로 이해할 수 있다. 이렇게 만들어진 좌푯값을 입력 문장의 문맥 정보를 담고 있다 하여 컨텍스트 벡터라 부른다.

벡터란 크기와 방향성을 함께 갖는 데이터를 말하는데, 여기에서는 다차원으로 표현된 데이터인 좌푯값을 달리 부르는 말이라고 이해하면 된다. 이러한 컨텍스트 벡터는 디코더의 입력값이 돼 번역할 대상 언어의 문장을 생성하는 재료가 된다. 다음 페이지에서 조금 더 구체적으로 들여다보자.

□ **인코더-디코더 모델의 예시**

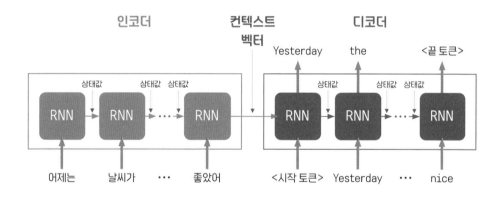

인코더-디코더 모델은 일련의 연속된 데이터 열을 입력받아 마찬가지로 데이터 열을 출력하는 모델이다. 기계번역뿐만 아니라 음성인식, 이미지 설명 달기 등 다양한 용도로 사용된다.

15 컨텍스트 벡터
문장의 맥락을 담다

Seq2seq 모델의 작동 구조를 조금 더 자세히 살펴보자. 인코더와 디코더의 각 모듈은 RNN 셀로 구성된다. 앞서 배운 원리처럼 RNN은 이전 단어들의 정보를 참고해 다음 단어를 예측하는 모델이다. 잠깐 복습해 보자면, RNN은 현재 입력값만을 참고해 예측값을 출력하는 것이 아니라 이전 입력 데이터의 정보까지 함께 고려할 수 있게 설계된 특징이 있었다. RNN에서 상태값(hidden state 값)이라는 요소는 앞 데이터의 특성을 뒤로 전달하는 역할을 하는데, 상태값은 현재 입력된 데이터와 앞 시점의 상태값을 참고해 매번 갱신되고, 그 값을 다음 시점으로 전달하는 구조였다.

혹시 이해가 안된다면 RNN을 다룬 104쪽을 잠깐 보고 오는 것도 좋다. 간단한 원리이지만 이 과정을 통해 RNN 모듈의 상태값에는 앞 데이터들을 요약 압축한 정보가 형성된다. 그래서 맨 마지막 데이터의 입력이 끝나고 나면 상태값은 그때까지 입력된 모든 데이터들을 함축하는 특성값으로 사용될 수 있다. 이러한 특징으로 인해 인코더 RNN 모듈이 가장 마지막으로 산출하는 상태값은 입력 문장 내 단어 전체의 맥락 정보를 담으며, 이 값이 바로 컨텍스트 벡터가 된다.

Seq2seq 모델에서 인코더 RNN의 목표는 다음 단어를 잘 예측하는 것이 아니라 주어진 문장의 특성을 잘 담은 컨텍스트 벡터를 산출하는 것이다. 그래서 각 시점마다 단어 출력은 하지 않고 상태값만 계속 갱신해 다음 시점으로 전달한다.

디코더 RNN 모듈은 이 컨텍스트 벡터를 재료로 정답에 가장 가까운 번역 문장을 생성하는 것을 목표로 학습된다. 디코더의 학습과 작동 방식은 앞에서 설명했던 기본적인 RNN 언어 모델과 유사하다. 현재 입력된 단어와 이전 시점의 상태값을 토대로 다음 단어를 예측한다. 다만 초기 상태값으로 임의의 초깃값이 아닌 인코더의 마지막 상태값(컨텍스트 벡터)을 받아 문장 생성을 시작하는 특징이 있다.

학습 과정을 전체적으로 요약해 보자. 아래에 있는 예시 모델은 번역할 한국어 문장을 입력 데이터로 받고, 이에 대한 정답 데이터, 즉 잘 번역된 영어 문장을 계속 확인하면서 정답에 가까운 문장을 잘 생성할 때까지 학습을 진행한다. 이때 인코더는 입력 문장을 잘 표현하는 컨텍스트 벡터를 산출하도록, 디코더는 인코더로부터 받은 컨텍스트 벡터를 활용해 정답에 가까운 영어 문장을 잘 생성하도록 각각의 가중치를 수정한다.

인코더-디코더 언어 모델의 특징, 즉 '문장을 임베딩하는 특징'은 뒤에 등장하는 대규모 언어 모델에서 더욱 강화되고 정교해진다. 그리고 이후 언어 모델의 정체성을 정의하는 근간이 된다.

☐ 인코더-디코더 모델의 개념도

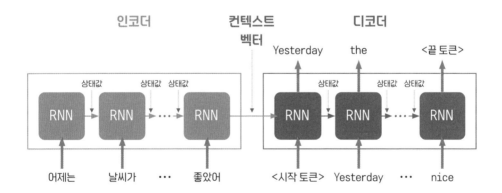

인코더는 입력 문장을 잘 표현하는 컨텍스트 벡터를 산출하도록 학습된다.

디코더는 인코더로부터 받은 컨텍스트 벡터를 활용해 정답에 가까운 번역 문장을 생성하도록 학습된다.

☐ **한국어-영어 번역 모델을 위한 학습 데이터 예시**

No.	Korean	English
1	안녕하세요, 어떻게 지내세요?	Hello, how are you doing?
2	나는 매일 아침 운동을 합니다.	I exercise every morning.
3	이 책은 정말 흥미로워요, 추천합니다.	This book is really interesting, I recommend it.
4	한국 음식을 먹어본 적이 있나요?	Have you ever tried Korean food?
5	비가 오니까 집에만 있고 싶어요.	I just want to stay home because it's raining.
6	내일은 중요한 회의가 있는 날이에요.	Tomorrow is a day with an important meeting.
7	여행 가기 전에 어떤 준비를 해야 하나요?	What preparations should I make before going on a trip?
8	그림을 그리는 것은 저의 취미입니다.	Drawing is my hobby.
9	가을이 되면 날씨가 서늘해지고 나뭇잎이 떨어져요.	When autumn comes, the weather gets cooler and leaves fall.
10	저는 한국어를 배우고 있는데 어렵지만 재미있어요.	I'm learning Korean, and though it's challenging, it's fun.
...	...	...

한국어 문장 데이터와 영어 문장 데이터가 쌍으로 존재하는 학습 데이터를 준비해, 이 데이터로 모델을 학습시키면, 두 문장 사이의 관계가 인코더 RNN과 디코더 RNN의 가중치값에 학습돼 담긴다. 이렇게 학습된 모델에 한국어를 입력하면 영어가 나온다. 살짝 싱겁고 허전한 설명이지만, 정말 이게 다다.

VII

16 | 어텐션이 필요한 이유

RNN은 문장 분석 과정에 왜곡이 생긴다

RNN 기반의 인코더-디코더 모델은 기계번역, 음성인식 등의 서비스에 큰 성능 향상을 가져왔지만, 무시할 수 없는 단점이 있었다. RNN은 앞 시점의 상태값이 뒤 시점으로 전달되고, 전달된 상태값과 새로운 입력값을 같이 고려해 상태값을 다시 업데이트하는 구조다. 그러다 보니 입력 열이 길수록, 즉 입력되는 데이터가 많을수록 상태값이 갱신되는 횟수도 많아지게 된다. 이렇게 되면 앞쪽에서 입력된 데이터들, 즉 입력 시점이 오래된 데이터들이 만들었던 상태값은 자꾸 희석돼 영향력이 낮아지는 현상이 발생한다.

예를 들어 언어 모델이 "지금 알고 있는 걸 그때도 알았더라면 조금 더 현명하게 살 수 있었을 텐데."라는 문장을 출력해야 하는 상황이라면, 맨 마지막 '텐데'라는 단어를 예측하기 위해 모델은 앞 단어들인 '지금' '알고' '있는' '걸' '그때도' '알았더라면' '조금' '더' '현명하게' '살' '수' '있었을'을 모두 고르게 고려해야 한다. 그런데 가장 먼저 입력된 '지금'은 거의 잊혀 영향을 적게 미치고, 가장 최신인 '있었을'은 지나치게 크게 영향을 미치는 상황이 발생하는 것이다. 이것은 문장의 내용 측면으로 보나 구조 측면으로 보나 분명히 왜곡이다. 이 현상은 장문일수록 심하게 발생할 수밖에 없어서 인공지능 모델이 결과를 제대로 산출하는 데 장애 요소가 됐고, RNN 기반 언어 모델의 고질적인 문제로 인식되고 있다.

문장에서 단어들이 갖는 중요도에 대해 좀 더 자세히 따져보자면, 단어들은 등장한 순서가 아니라 문장에서 갖는 의미상의 중요도, 다른 단어와의 관계, 문법적 중요도 등에 따라 적절하게 '관심'을 받고 활용돼야 한다. 그래야 올바른 해석, 올바른 번역, 올바른 답변이 가능하다.

"어제는 날씨가 구름도 없고 화창해서 참 좋았어."라는 문장이 주어졌을 때, 이 문장에서 가장 중요한 단어를 뽑으라고 하면 '어제는' '날씨가' '좋았어'가 될 것이다. 또 단어들 사이의 관계를 보자면 '어제는'과 '날씨가' '어제는'과 '좋았어' '구름도'와 '없고' 간의 관계성이 높게 평가돼야 할 것이다. 문법적으로는 '날씨가'가 주어이고, '좋았어'가 서술어, '았어'는 과거형 표현이라는 점 등이 고려돼야 할 것이다.

그저 순차적으로 처리할 뿐인 RNN 기반의 인코더-디코더 모델은 문장의 이러한 특성들을 담아낼 방법이 없다. 이 또한 이 모델의 한계점이다. 하지만 고성능의 언어 모델이라면 이런 정보들도 파악할 수 있어야 한다. 어떻게 하면 가능할까?

☐ **RNN 언어 모델에서 입력 문장의 단어들이 갖는 중요도**

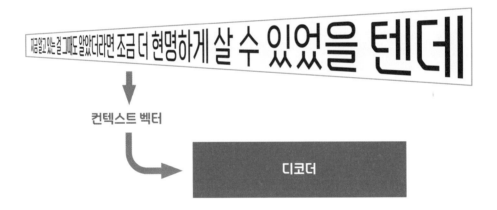

☐ **문장 내 단어들이 원래 갖는 중요도와 관계**

단어 '알았더라면'이 문장 내에서 갖는 중요도와 단어 간 관계를 표현했다. 색이 진할수록 중요한 단어다.

어텐션 메커니즘
단어 하나를 생성할 때마다 입력 문장 전체를 다시 본다

우리가 번역을 할 때 원문을 한 번 읽고 머릿속에 남은 잔상만으로 번역을 하는 경우는 많지 않다. 보통, 원문을 여러 번 다시 확인하면서 진행한다. seq2seq 모델은 이런 원리를 충실하게 따르면서 개선을 꾀했다. 디코더가 인코더로부터 받은 컨텍스트 벡터를 사용해 문장 생성을 시작하되, 단어 하나하나를 생성할 때마다 매번 입력 문장의 단어 모두를 다시 검토하는 새로운 기능을 추가했다.

개선된 모델에서 디코더는 인코더의 각 단어들을 직접 보면서 다음 단어를 생성한다. 166쪽의 그림을 보자. 맨 앞 단어부터 순차적으로 특성을 담은 상태값 정보인 컨텍스트 벡터를 디코더가 초기 입력값으로 받는 것(그림 ①)은 동일하지만, 더불어 인코더에 입력되는 각 단어들이 매 시점 생성했던 상태값 정보들(그림 ②)을 디코더가 직접 다시 활용(그림 ③)하고 있는 것을 볼 수 있다. 이 그림은 디코더가 세 번째 단어 'is'를 예측하려는 시점을 기준으로 그렸다.

구체적으로 보자면, 디코더는 현 시점의 디코더 입력 단어(=앞 시점의 디코더 출력 단어, 그림 ④)와 앞 시점의 상태값 정보(그림 ⑤)를 활용해 생성한 다음 단어 예측 정보(그림 ⑥)를 인코더가 생성했던 각 단어의 상태값들(그림 ②)과 비교해(그림 ③) 유사성을 계산한다. 그리고 이렇게 산출된 유사도(그림 ⑦)를 각 입력 단어들의 상태값에 반영해 합친(그림 ⑧) 하나의 종합적인 특성값을 만들고, 이 값(그림 ⑧)과 본래 갖고 있던 예측 정보(그림 ⑥)를 결합한 값(그림 ⑨)을 활용해 다음 단어를 예측한다.

복잡하긴 하지만, 이것이 디코더가 다음 단어를 생성하기 위해 인코더의 단어들 중 현 시점 기준으로 의미 있는 단어, 연관성이 있는 단어, 문법적으로 중요한 단어들이 무엇인지를 판단하는 메커니즘이다.

디코더가 입력 문장의 단어들을 직접 '주목'하고 중요도에 따라 적절하게 '관심'을 준다 해서 이와 같은 기법을 '어텐션' 기법이라 부른다. 이를 통해 디코더는 단어를 생성할 때마다 입력된 원문의 정보를 풍부하게 활용할 수 있게 됐다. 이 방법을 적용한 이후 seq2seq 모델의 성능은 크게 향상했다.

☐ 어텐션의 작동 구조

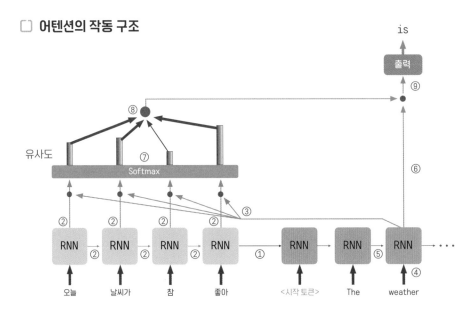

원문: 오늘 날씨가 참 좋아
영어: The weather is really nice today

디코더가 가진 현 시점의 예측 정보와 인코더가 가진 각 시점의 상태값들 사이의 유사도를 평가해 각 단어별 중요도를 구한다.

트랜스포머

언어 모델에 격변을 일으키다

트랜스포머는 자연어 처리 분야에 획기적인 이정표를 제시한 인공지능 언어 모델 메커니즘이다. 2017년 구글이 〈Attention is all you need〉라는 논문을 통해 발표했고, 이후 BERT와 GPT 등의 대규모 언어 모델들이 이 기술을 토대로 만들어졌다. 사실상 대규모 언어 모델의 등장을 가능하게 해서 자연어 처리뿐만 아니라 인공지능 서비스 생태계에 큰 변화를 일으킨 주인공이다.

seq2seq 모델과 마찬가지로 트랜스포머도 인코더-디코더 언어 모델의 기본 구조를 따르지만, 세부 메커니즘은 이제까지의 모델들과는 많이 다르다. 트랜스포머역시 앞에서 설명한 어텐션 개념을 사용하지만, 작동 방식은 훨씬 복잡하고 정교하다.

'응? 이제까지 들은 내용도 충분히 복잡한데, 더 복잡하다고?'

그렇다. 더 복잡하다. 필자도 이해가 어려워서 보다 보다 지칠 만큼 난도가 높았다. 진짜 지능을 갖춘 것처럼 보이는 모델이 그냥 나온 게 아니다. 하지만 이 역시원리에 충실하면서도 최대한 쉽게 설명했으니, 필자를 믿고 계속 읽어주면 좋겠다.

언급한 논문 제목에서도 확인할 수 있는 것처럼 트랜스포머의 핵심은 어텐션이다. 여전히 어텐션 개념을 사용하지만, 이전 seq2seq 모델과는 확연히 차별화된 기법을 구현했다. 트랜스포머는 세 가지의 어텐션을 수행한다. 첫째, 인코더 내에서입력 문장에 대해 진행하는 인코더 셀프 어텐션이 있다. 둘째, 디코더 내에서 현재생성 중인 문장에 대해 진행하는 디코더 셀프 어텐션이 있으며, 마지막으로 디코더가 다음 단어 생성을 위해 인코더의 입력 문장을 참고하는 인코더-디코더 간 어텐션이 있다.

앞의 두 어텐션은 인코더가 인코더 자신을, 디코더가 디코더 자신을 들여다본다 해서 셀프 어텐션이라 부르고, 세 번째 어텐션은 앞에서 설명했던 인코더-디코더 어텐션과 같은 개념이다. 169쪽에서 더 자세히 들여다보자.

🔲 트랜스포머 모델의 구조도

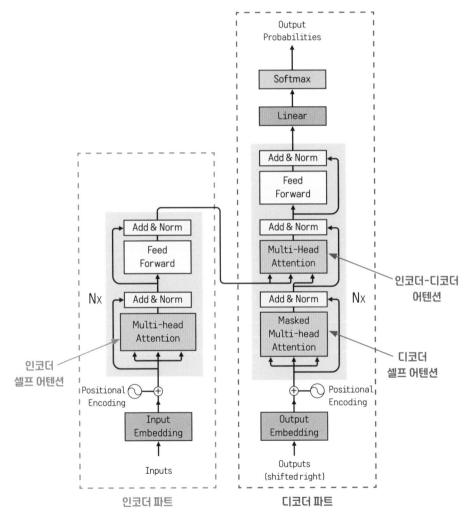

트랜스포머의 어텐션
세 가지 어텐션으로 문장을 분석하고 이해한다

트랜스포머는 RNN 모듈을 쓰지 않기 때문에 더는 각 단어의 입력 시점별 상태값이라는 개념을 사용하지 않는다. 상태값 대신 각 단어의 임베딩값을 사용하는데, 이 임베딩에 각 단어의 문장 내 순서 정보를 더해 사용한다. 본래 RNN이 전달하는 상태값(컨텍스트 벡터)에는 입력 단어들의 순서 정보가 담겨 있는데, 이를 사용하지 않으면 단어들이 입력된 순서를 확인할 길이 없으므로 각 단어의 임베딩값에 순서 정보를 인위적으로 추가해 준다는 말이다. 다음 페이지의 그림을 참고하자.

그럼, 트랜스포머의 핵심인 트랜스포머 어텐션에 대해 조금 더 알아보자. 먼저 인코더 셀프 어텐션은 입력된 문장 내 단어들끼리 서로의 관계성을 보는 것인데, 각 단어들이 갖는 임베딩 정보를 활용해 문장 내 모든 단어들에 대해 상호 유사성을 계산한다. 이후 이 계산된 정보를 각 단어의 임베딩값에 다시 반영해 새롭게 갱신한다.

모든 단어를 대상으로 이 과정을 거치면 각 단어의 임베딩값은 문장 전체의 특성 정보를 충분히 반영한 임베딩값으로 특화된다. 간단히 말해 문장 내 단어들 사이의 관계 정보를 전수 조사해서 입력 문장에 대한 분석 정보를 한층 정교하고 정확하게 고도화하는 것이다.

디코더 내 셀프 어텐션은 문장 생성을 위해 디코더가 현재까지 생성한 단어 열을 대상으로 인코더의 셀프 어텐션과 유사한 작업을 디코더 내에서도 진행하는 것이다. 마찬가지로 현재까지 생성된 단어 열 안에서 각 단어 사이의 관계 정보를 정확하게 파악하는 것은 적절한 다음 단어를 예측하는 데 큰 도움이 된다.

마지막으로 인코더-디코더 어텐션은 앞에서 설명한 seq2seq 모델에서의 어텐션과 같은 개념으로, 디코더가 다음 단어를 생성할 때마다 인코더의 모든 단어를 어텐션하는 것이다.

이와 같이 복합적인 어텐션을 진행하면서 언어 모델은 문장을 분석하고 파악하는 능력이 비약적으로 향상된다. 옆 페이지에 있는 그림은 이 세 가지 어텐션의 개념을 정리한 것이다.

인코더의 목표는 입력 문장의 특성을 가장 잘 설명하는 임베딩값을 산출하는 것이며, 디코더의 목표는 입력 문장에 대응되는 문장을 잘 생성하는 것이다. 그래서 인코더와 디코더 모두에서 어텐션은 중요하다.

트랜스포머는 심지어 이렇게 만들어진 인코더, 디코더를 각각 여러 층으로 쌓아 성능을 더욱 높인다. 앞에서 살펴본 트랜스포머 구성도의 인코더, 디코더 옆에 표기된 'N×'가 'N개의 층으로 쌓음'을 의미한다.

☐ 각 단어의 임베딩에 위치 정보 더해주기(Positional Encoding)

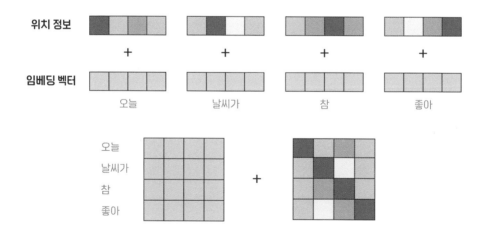

RNN은 문장 내 단어들을 순차적으로 처리하기 때문에, 단어들의 순서 정보가 머신러닝 모델의 학습 과정에 반영된다. 하지만 트랜스포머는 RNN을 사용하지 않기 때문에 위와 같이 각 단어의 문장 내 순서 정보를 해당 단어의 임베딩값에 별도로 추가해서 모델이 문장 내 단어들의 순서를 인지할 수 있게 해준다.

☐ 트랜스포머에서 작동하는 세 가지 어텐션

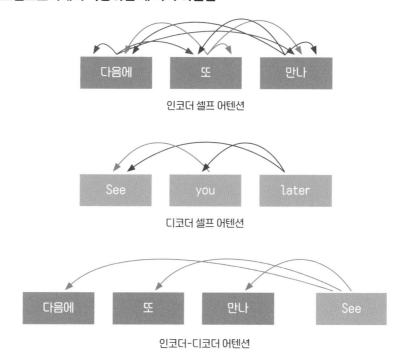

인코더 셀프 어텐션

디코더 셀프 어텐션

인코더-디코더 어텐션

첫 번째 그림의 셀프 어텐션은 인코더에서 이뤄지고, 두 번째 그림의 셀프 어텐션과 세 번째 그림의 인코더-디코더 어텐션은 디코더에서 이뤄진다. 위의 두 어텐션은 셀프 어텐션이고, 세 번째 어텐션은 교차 어텐션이다.

☐ 문장 내 단어 사이의 유사도

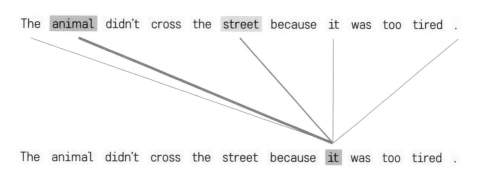

트랜스포머에서는 문장 내 모든 단어가 이와 같이 서로 '어텐션'한다.

VII

20

트랜스포머 메커니즘의 특징
문장 이해력이 극대화되다

어텐션 구조의 진화 외에 트랜스포머의 또 한 가지 특징은 앞에서 설명한 것처럼 기존 모델 구조에서 RNN 모듈을 아예 없애버렸다는 것이다. 학습 모듈인 RNN을 없애고 어텐션으로만 모델을 구현했다.

'응? 머신러닝인데, 학습 모듈이 없으면 학습을 어떻게 하지?' 그렇다. 머신러닝 이므로 당연히 학습 모듈이 있어야 한다. 그럼 트랜스포머에서는 무엇이 학습될까? 바로 어텐션이 학습된다.

☐ 트랜스포머가 언어를 다루는 방식의 개념적 표현

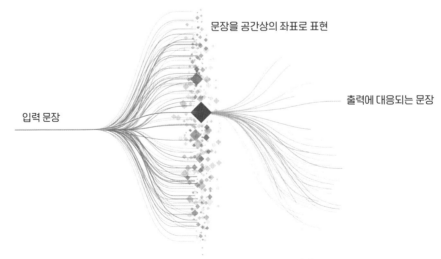

트랜스포머는 언어를 다차원의 공간상에 표현한다.

'이건 또 무슨 말이지? 어텐션은 모델이 문장을 잘 이해하고 생성하도록 그저 도 와주는 역할인 것 같은데, 이것이 학습된다고?' 그렇다. 메커니즘이 복잡하다 보니 점점 이해하기 힘든 일들이 벌어진다.

트랜스포머에서는 어텐션이 학습된다. 문장 내 단어들의 의미, 단어 사이의 관계, 문법 특성 등을 잘 고려할 수 있도록, 즉 잘 기능하도록 인코더·디코더 내부와 인코 더-디코더 사이에서 작동하는 어텐션들이 학습된다. 어텐션 내에 배치된 가중치들 이 학습된다고 이해하면 된다. 어텐션이 핵심 학습 모듈인 것이다. 물론 이외에도 트랜스포머에는 여러 층으로 쌓은 인코더·디코더들의 각 층 사이를 연결하는 연결 모듈을 비롯해 모델을 구성하는 요소요소에 가중치들이 배치돼 같이 학습된다. 그 리고 당연히 임베딩도 같이 학습된다.

RNN 대신 어텐션을 학습 모듈로 사용하는 방법은 학습 과정을 병렬화해서 학습 시간을 단축하는 장점도 있다. RNN은 구조상 입력 단어들을 순차적으로 처리할 수 밖에 없지만, 트랜스포머는 이들을 한꺼번에 동시 처리할 수 있기 때문에 학습 속도 가 훨씬 빨라진다.

☐ 영화 〈트랜스포머〉 시리즈의 한 장면

Transformer는 변압기의 영어 표현인데, 다들 알다시피 유명 로봇 영화의 제목이기도 하다. 아마도 A 를 B로 변신(?)시키는 머신러닝 모델이라는 의미에서 재치 있게 이름을 지은 게 아닐까 싶다.

아무튼 트랜스포머 메커니즘에서 기억해야 할 특징은 문장 내 단어 사이의 상호 관계성을 확인해 각 단어의 임베딩값들이 문장의 특성 정보를 충분히 반영한 임베딩값으로 특화된다는 점이다. 워드 임베딩 과정을 통해 각 단어 단위로 특화된 정보가 문장 전체를 보면서 다시 한번 특화된다. 이를 통해 주어진 문장을 제대로 이해하는 특성 정보로 거듭나는 것이다.

더불어 입력 문장과 생성 중인 출력 문장 내에서, 그리고 출력 문장과 입력 문장 사이에서 단어들 사이의 관계를 파악할 수 있는 '복합적인' 어텐션을 적용한다. 이렇게 해서 모델의 문장 이해 능력을 다시 한번 크게 향상시키는 것이다.

이것이 현재 대규모 언어 모델이 사람 말을 정교하게 알아듣고, 사람처럼 답변할 수 있게 된 비결이다. 논문의 제목 그대로다. "Attention is all you need."

VII

21 | 대규모 언어 모델-BERT와 GPT
트랜스포머로 만든 대표적 언어 모델

트랜스포머를 토대로 탄생한 대표적 언어 모델이 BERT (Bidirectional Encoder Representations from Transformers)와 GPT(Generative Pretrained Transformer)다. BERT는 트랜스포머에서 인코더를, GPT는 트랜스포머에서 디코더를 사용한 모델이다.

앞서 설명한 것처럼 인코더-디코더 모델에서 인코더는 입력 문장을 함축한 특성 정보를 디코더로 보내는 역할을 하고, 디코더는 인코더가 보내준 컨텍스트 정보를 받아서 문장을 생성하는 역할을 한다. 즉 인코더는 입력된 문장의 특성을 담아내는 일을 잘하고, 디코더는 문장을 생성하는 일을 잘한다. 이것은 두 언어 모델 중 BERT 가 문장의 특성을 이해하는 데에, GPT가 매끄러운 문장을 잘 생성하는 데에 방점을 두고 만들어졌음을 말해준다.

BERT는 주어진 문장 가운데 일부를 가리고 수행하는 빈칸 맞히기 형태의 학습 과 다음 문장 예측하기로 학습된 모델이고, GPT는 다음 단어 예측하기로 학습된 모 델이다. 따라서 BERT는 문장이나 문서의 성격 분류, 두 문장 사이의 관계 분류, 개 체명 인식 등 문장 전체의 맥락에 대한 이해가 중요한 일에 두루 쓰이고, GPT는 ChatGPT와 같이 문장을 생성하거나, 대화를 주고받는 형태의 일에 주로 쓰인다.

대규모 언어 모델인 BERT와 GPT는 사전 학습된 모델로서 각종 응용 서비스들 의 기반 역할을 하고 있다. 방대한 데이터로 사전 학습을 마쳐, 학습한 언어에서 단 어들이 사용되는 통계적 패턴, 의미적 관계, 문법 구조 등 해당 언어의 고유한 특성을 폭넓게 담고 있다. 이 덕분에 이를 사용하면 훨씬 적은 노력으로도 우수한 자연어 처리 서비스를 만들 수 있다. 사전 훈련된 모델을 사용해 용도에 맞게 미세 조정을 거치면 텍스트 분류, 감성 분석, 질의응답 또는 언어 번역과 같은 다양한 업무에서 훌륭한 성능을 내는 모델을 빠르게 만들 수 있다.

☐ 트랜스포머를 기반으로 한 BERT와 GPT

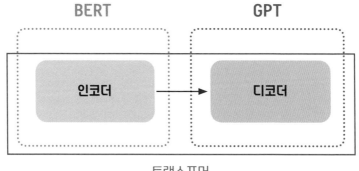

BERT는 트랜스포머에서 인코더를, GPT는 디코더를 이용해 만든 모델이다. BERT와 GPT는 문장 전체를 균형 있게 분석할 수 있는 트랜스포머라는 강력한 언어 모델 메커니즘에 방대한 데이터를 학습시킨 사전 학습 모델이다. 본격적인 대규모 언어 모델 시대를 연 주인공들이다.

☐ 대규모 언어 모델이 탄생한 기술 발전 과정

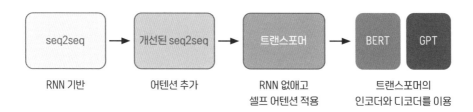

BERT와 GPT의 출력

BERT는 벡터를, GPT는 확률값을 출력한다

심화 과정에 해당하는 내용이긴 하지만, BERT와 GPT가 어떤 형식의 출력을 제공하는지 간단히 살펴보고 가자. 이들의 특징을 이해하는 데 도움이 된다.

BERT는 주어진 문장을 단어 단위의 임베딩으로 인코딩하는 모델이다. 입력 문장은 단어들로 나뉘어져 입력되고, 입력된 단어들은 BERT를 통해 임베딩 벡터로 출력된다. 이 과정에서 임베딩 벡터는 단어 임베딩이지만 문맥 정보를 담은 값이 된다. 이 임베딩 벡터들은 단어 임베딩이지만 문장에 대한 이해를 담고 있으므로, BERT의 임베딩을 일종의 문장 수준 임베딩으로 이해할 수 있다. 하지만 BERT가 단어 수준의 임베딩을 넘어 전체 문장을 하나의 벡터로 인코딩하는 문장 임베딩, 즉 컨텍스트 벡터를 직접 제공하지는 않는다.

GPT는 텍스트를 생성하기 위해 훈련된 모델이다. GPT는 문장을 왼쪽에서 오른쪽으로 생성하는 언어 모델로, 이전 단어들을 입력받아 다음 단어를 예측하는 방식으로 작동한다. 작동하는 내부 구조의 측면에서 보면, GPT의 출력은 어떤 단어가 다음 단어로 가장 적절한지에 대한 확률값이다.

정리하자면, BERT의 단어 수준 임베딩은 문장 전체의 맥락과 의미 관계 등을 고려해 '컨텍스트화된' 단어 수준 임베딩이다. BERT의 출력은 문장의 특성을 담은 워드 임베딩이고, GPT의 출력은 다음 단어의 확률값이다.

BERT나 GPT와 같은 대규모 언어 모델은 학습 과정에서 언어 고유의 통계적 패턴, 문법, 구문 및 의미론적 관계를 학습한다. 사전 학습이 완료되면 모델은 언어의 다양한 특징에 대해 폭넓은 이해를 얻는다. 고도화된 학습 체계와 대량의 학습 데이터 덕분에 해당 언어에 대한 이해가 깊고 풍부해지면서 동시에 정교해진다.

☐ BERT와 GPT의 출력

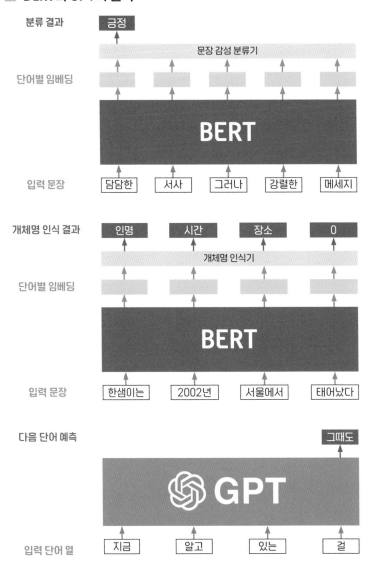

BERT는 문장 수준의 워드 임베딩을, GPT는 다음 단어에 대한 예측값을 출력한다.

VII

23

고성능 언어 모델의 비결 ①
트랜스포머 아키텍처와 대량의 학습 데이터

대규모 언어 모델을 구현하는 핵심 기술들을 살펴봤다. 그래도 여러분의 머릿속에서 의구심이 시원하게 가시지는 않았을 것 같다. 엄청 대단해 보이는 기술들도 아닌데 어떻게 그것만 가지고 대화를 사람처럼 잘하고 여러 가지 기능들을 수행할 수 있는지 여전히 납득이 안된다는 생각이 들 수 있다.

어텐션이 기술적 핵심 비결이긴 하지만, 그것만으로 설명하기엔 부족함이 있다. 그 외적인 요소들까지 함께 살펴야 이해가 된다. 그래서 대규모 언어 모델의 성과를 가능하게 한 내부 요소와 외부 요소들을 전체적인 맥락에서 함께 간추려보는 것이 의미가 있다.

고성능의 대규모 언어 모델이 등장할 수 있었던 비결은 네 가지로 요약할 수 있다. 첫 번째는 두말할 것 없이 트랜스포머다. 트랜스포머는 셀프 어텐션이라는 기법을 새로이 설계해서, 언어 모델이 입력된 문장을 왜곡 없이 정확하고 정교하게 분석해 수치화할 수 있도록 하고, 입력된 문장에 대응하는 가장 적절한 문장을 생성할 수 있는 길을 열어줬다. 더불어 사전 학습된 언어 모델이 등장하는 계기가 돼 자연어 처리 서비스의 수준을 도약시키고 새로운 생태계를 조성했다. 트랜스포머 아키텍처는 대규모 언어 모델 그 자체다.

두 번째는 학습에 사용된 어마어마한 데이터양이다. 구글의 BERT는 33억 개의 단어를 사용했다고 한다. GPT-3는 570GB의 텍스트 데이터를 학습에 사용한 것으로 알려져 있다. 영화도 아니고 텍스트 데이터로 570GB라는 크기는 도대체 얼마나 큰 데이터인지 짐작이 되질 않는다. 이와 같이 데이터양이 어마어마하다는 것은 해당 언어의 전반적인 특징뿐만 아니라, 다양한 세부 특징들까지도 양적으로 폭넓게 학습할 수 있는 기회가 주어졌다는 의미다. 인터넷에 공개된 정보에 한해서이겠지만, 인간이 전자 문서로 만들어놓은 웬만한 주요 지식 정보들은 다 학습했으리라 짐작할 수 있다. 세 번째와 네 번째 비결은 다음 페이지에서 알아본다.

엄청난 양의 데이터로 학습한 대규모 언어 모델

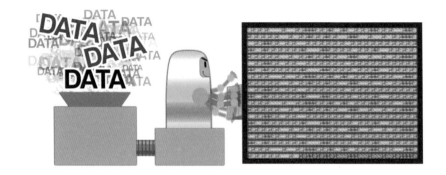

VII

24

고성능 언어 모델의 비결 ②

방대한 매개변수와 컴퓨팅 자원

세 번째는 어마어마한 규모의 매개변수를 꼽을 수 있다. 학습을 위해 설정한 가설식이 갖는 매개변수들의 개수, 즉 학습되는 가중치 개수가 천문학적이다. 머신러닝 기초 원리를 설명할 때 예로 들었던 사괏값 예측 모델은 변수가 몇 개였나? 단 하나였다. 그 뒤의 예시들은 개수가 점점 늘어 단순 다중분류 기법의 MNIST 예제는 7,840개를 사용했다. 실습 사례 중 가장 복잡한 구조였던 CNN을 적용한 MNIST 모델은 약 2백만 개를 사용했다. BERT는 몇 개를 사용했을까? 기본 모델에서 1억 개 이상, 대형 모델에서 3억 개 이상을 사용했다고 한다. GPT-3는 무려 1,750억 개라고 한다.

주어진 미션에 적합하게 가설식이 설계됐다고 전제하면, 가중치 개수는 많을수록 좋다. 가중치 개수가 많다는 것은 머신러닝 모델이 학습할 때 문제의 특성을 최대한 다양한 각도에서 충분히 세밀하게 담아낼 수 있는 여건을 확보했음을 뜻한다. 앞서 설명했던 것처럼 레고 블록은 많을수록 좋다. 설계도만 좋다면 블록이 많을수록 더 멋진 작품을 만들 수 있다. 물론 문제의 특성이 무한정 많은 것은 아니기 때문에, 이 특성들을 표현하는 매개변수들의 개수도 일정 규모 이상으로 커지면 더는 성능 개선과 정비례하지는 않을 것이다.

마지막 고성능의 비결은 컴퓨팅 자원이다. BERT나 GPT와 같은 대규모 언어 모델을 만들기 위해 진행하는 대규모 전산 처리, 즉 천문학적인 규모의 데이터양과 매개변수를 다루는 학습 연산은 10, 20년 전이라면 아예 시도조차 불가능했다. 실수 연산에 최적화된 GPU의 등장, 고성능 병렬처리를 가능하게 하는 최신 컴퓨팅 기술 환경과 대규모 설비 등이 큰 기여를 하고 있는 것이다. 이는 개발사가 대규모 컴퓨팅 환경을 조성하기 위해 큰 비용을 투자하고 있음을 뜻하기도 한다. 오픈 AI의 대규모 언어 모델인 GPT-4는 학습에 1만여 개의 GPU를 사용한다고 알려져 있다. 적어도 일반 개인이나 중소기업이 쉽게 시도할 수 있는 규모는 아니다.

☐ 어마어마한 규모의 매개변수와 전산 자원

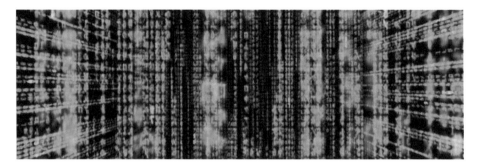

영화 〈매트릭스〉의 한 장면. 대규모 언어 모델의 학습 과정에서는 언어 세계를 표현하는 어마어마한 규모의 가중치 매트릭스가 만들어진다.

대규모 언어 모델의 학습에는 개인이나 중소기업에서 시도하기 어려운 규모의 컴퓨팅 자원이 요구된다.

대규모 언어 모델의 한계
진실만을 말한다고 보장할 수 없다

ChatGPT는 상용 서비스를 제공하기에 아직 완벽하게 준비하지 못한 모델을 시장 선점을 위해 조금 서둘러 발표한 감이 있다. 그럼에도 실생활에서 처음으로 AI의 위력을 제대로 실감할 수 있는 서비스를 등장시켰다는 점은 의미가 있다. 영화 속에 나오는 놀라운 능력의 AI에 한층 가까운 인공지능을 현실 속에 등장시켜서, 지적 능력을 갖춘 기계와 함께하는 시대가 열렸음을 세상에 알린 것이다.

앞서 얘기한 것처럼 ChatGPT는 대규모 언어 모델인 GPT를 전이학습해 탄생한 모델이다. ChatGPT가 가진 대단한 능력의 핵심은 사전 학습된 대규모 언어 모델인 GPT로부터 얻은 것이다. 대규모 언어 모델이 가진 언어 능력 덕분에 ChatGPT는 우리가 예상했던 것 이상의 성능을 보여주고 있지만, 많은 사람이 알고 있듯 ChatGPT가 하는 말에는 정확하지 않은 내용들이 포함돼 있다.

ChatGPT가 거짓말을 할 수밖에 없는 것은 GPT가 본질적으로 '매끄러운' 문장 생성, 즉 '자연스러운' 대화 진행을 위해 만들어진 모델이지, 지식이나 사실을 전달하려고 설계한 모델이 아니기 때문이다. 언어 모델은 자신이 만든 문장이 담고 있는 내용이 사실인지 아닌지를 검증하는 기능이 애초에 없다. 게다가 머신러닝 모델은 학습된 체계를 사용해 '확률적으로 높은' 대답을 하는 구조이지 정답을 산출하는 구조가 아니기 때문에 태생적으로도 한계가 있다.

더구나 그 확률이라는 것이 '문장이 얼마나 자연스러운지에 대한' 확률일 뿐이며 '대답이 얼마나 정확한지에 대한' 확률을 말하는 것도 아니다. GPT는 자연스러운 문장을 '조립해' 답변하기 때문에 설령 진실만을 담은 지식 데이터베이스에서 사실만을 가져와 문장을 만들게 한다 하더라도, 이 답변을 조립하는 과정에서 여전히 사실이 아닌 내용이 구성될 위험이 존재한다. 구조적으로 진실만을 말한다는 보장을 할 수 없는 모델인 것이다.

결론적으로 진실만을 말하는 언어 모델을 기대하기는 쉽지 않다. 그런 모델을 만드는 것이 무척 어렵다. 물론 연구자들과 개발사들이 답변의 정확성과 신뢰성을 높이기 위해 다각도로 노력을 하고 있으며, 앞으로도 계속할 것이다.

☐ 인공지능은 거짓말쟁이?

진실만을 말하는 언어 모델은 기대하기 어렵다. 언어 모델은 진실과 상관없이 자연스러운 문장을 만들어 내는 데 중점을 두고 만들어졌기 때문이다.

26

대규모 언어 모델 출현의 의의
고차원적 지식 체계를 학습한 머신러닝 모델이 등장하다

필자가 생각하는 대규모 언어 모델 출현의 가장 큰 의의는 '컴퓨터가 사람의 언어 체계 같은 고차원적 지식 체계도 학습할 수 있다.'라는 것을 증명했다는 점이다. 단지 수많은 문서, 텍스트 데이터를 훑어보게 했을 뿐인데, 인공지능 모델에 사람이 사용하는 언어 체계가 고스란히 담겼다는 것은 놀라운 일이다. 현재의 인공지능 기술, 즉 머신러닝 기술이 지닌 가능성과 잠재력이 전문가들이 예상했던 것보다도 훨씬 크다는 것을 보여주고 있다. 앞으로 머신러닝 기술을 보다 고차원적인 용도로 사용하려는 시도들이 이어질 것이다.

대규모 언어 모델의 등장은 한편으로 물량 공세의 승리라고 볼 수도 있는데, 말 그대로 컴퓨팅 자원과 데이터를 퍼부으면 언어 체계를 이해하는 모델이 만들어진다는 것도 신기하다. 물론 컴퓨팅 자원과 데이터양에 비례해 성능이 무한히 계속 올라갈 수는 없겠지만, 앞으로 어느 수준까지 성장할지 궁금하다.

자연어 처리 분야에 '다용도'로 활용할 수 있는 모델이 만들어졌다는 점에도 주목해 봐야 한다. '문장 생성' 기능이 본래 갖는 다목적성 때문이라고 볼 수도 있는데, 이것은 어쨌든 용도가 제한된 특정 기능용 모델뿐만 아니라, 보다 넓은 용도로 사용할 수 있는 다용도 머신러닝 모델도 만들 수 있다는 점을 시사한다. 어쩌면 정말 우리가 상상하는 다재다능한 범용 인공지능이 개발될 가능성을 보여주는 것일 수도 있다.

고차원적 지식 체계를 학습해 다용도로 활용 가능한 이와 같은 모델을 자연어 처리 외에 다른 분야에서도 개발할 수 있을 것인지, 즉 이러한 사례를 의료, 제조, 금융 등 데이터가 풍부한 다른 분야로 확장할 수 있을 것인지도 생각해 보게 된다. 이런 일이 언어 분야에서만 일어나라는 법은 없으니까 말이다. 다만 학습용 데이터 구축이 어렵다는 문제 때문에 다른 주제나 분야에서 이런 사례가 쉽게 나타나지는 않을 것이다.

☐ 또 다른 분야에서 일을 하는 상상 속 대규모 머신러닝 모델

대규모 언어 모델은 범용 인공지능의 등장이 가능할 수도 있음을 시사한다.

VII

27 결국 똑같은 기초 원리
대규모 언어 모델도 가중치를 찾는 머신러닝 모델이다

　　　　　지금까지 대규모 언어 모델을 실현한 기술적 핵심 요소들을 모두 살펴봤다. 기초 기술이 아닌 응용 기술이다 보니 짧게 단순화하는 데 한계가 있었다. 핵심 요인을 이해하기 위한 선수 지식으로 인해 생각보다 분량도 많아졌다. 그런데도 워낙 복합적이고 복잡한 내용인지라 완벽하게 이해할 순 없었겠지만, BERT나 GPT와 같은 '대규모 언어 모델이 대략 이런 것이구나' 정도만이라도 이해하는 기회가 되길 바란다.

　이제 다시 이 책의 본래 목적인 인공지능 기술의 기초 원리로 돌아가 보자. 49쪽의 수식 예시를 다시 한번 살펴보자. 선형회귀, 이진분류, 다중분류, 딥러닝 등 다양한 머신러닝 기초 모델의 학습 가설식들이 예로 나열돼 있다. 맨 마지막의 예시를 보자. 아래와 같은 수식이 있다.

$$\hat{y}_t = \text{Softmax}\,(W_y \tilde{S}_t + b_y)$$

　좀 특이한 기호들도 있긴 하지만, 우리가 공부했던 기본 학습식 $y=wx+b$의 형태에서 크게 벗어나지 않는다. 이것은 무엇을 위한 수식일까? 바로 어텐션을 적용한 언어 모델의 가설식이다.

　물론 저 $\tilde{S}_t$ 안에 무지막지하게 복잡한 수식들이 내포돼 있긴 하지만, 그 수식을 단순화하면 위와 같이 표현된다. 여기에서 하고 싶은 말은 "결국 대규모 언어 모델의 학습도 우리가 앞쪽에서 열심히 공부했던 머신러닝의 기본 가설식, $y=wx+b$의 학습 원리와 같은 선상에 있다."라는 것이다. 이들 역시 다른 머신러닝 모델들과 똑같이 경사하강법 알고리즘을 통해 가중치값을 학습하고, bias를 찾는 머신러닝 모델이다. 사실 앞의 수식은 어텐션을 적용한 인코더-디코더 모델의 가설식이고, 트랜스포머 아키텍처의 모델들은 이보다 더 복잡한 가설식을 사용한다. 그러나 이들도 결국 똑같은 원리로 구현되는 머신러닝 모델들이다.

☐ 대규모 언어 모델의 이미지

 이 링크를 열어보자. 여러분 머릿속에 대규모 언어 모델과 관련해서 이와 같은 이미지가 형성됐다면 여러분은 이번 장의 내용을 아주 잘 이해한 것이다.

m.site.naver.com/19GPB

VIII

고성능 기계, 그리고 사람

지금까지 우리는 인공지능 기술의 핵심을 모두 살펴봤다. 현재 세상을 흔들고 있는 인공지능 기술의 주요 내용과 개념을 일반인 수준에서 모두 공부했다고 봐도 된다.

이제부터는 주변적인 내용들, 그러나 같이 고민해 보면 좋을 내용들을 이야기하려고 한다. 지식 전달이 아닌 담론 성격에 해당하는 주제들이니만큼 다분히 필자의 주관적인 견해가 들어 있다. 이런 주제들에 대해서는 많은 분과 의견을 나눠보고 싶기도 하다.

VIII

01 | AI 기술의 취약점 ①

왜 이렇게 작동하는지 설명하기 어렵다

인공지능 기술은 4차 산업혁명이라 불릴 만큼 커다란 변화를 일으키며, 우리 삶의 질 향상에 기여하고 있다. 그런데 이렇게 대단한 인공지능 기술에 몇 가지 큰 단점이 있다.

먼저 질문에 대한 결괏값이 어떤 과정을 거쳐서 나왔는지 정확하게 설명하기 어렵다는 점이다. 예를 들어 갯벌 낙지 구멍을 잘 식별하는 인공지능이 있는데, 이 모델이 무엇을 근거로 낙지 구멍임을 판단하는지 명쾌하게 알기 어렵다. 컴퓨터에 실제 낙지가 들어 있는 갯벌 구멍 사진을 아주 많이 제공해 학습시키면 컴퓨터가 이를 잘 식별하는 기능을 습득하기는 하는데, 이 모델에 낙지가 없는 구멍과 낙지가 있는 구멍의 어떤 차이점이 담겼는지 정확히 알 수가 없는 것이다. 이 경우는 그나마 현지 어업인들의 설명을 듣고 이러이러한 차이가 있다는 것을 확인해 추정이라도 해볼 수 있는데, 그런 배경지식 없이 오롯이 데이터에만 의존해야 하는 경우에는 이마저도 요원하다.

같은 맥락으로 GPT와 같은 언어 모델 또한 문장 생성을 잘하도록 만들기는 했는데 왜 이것저것 다 잘하는지, 어떻게 이렇게 언어 체계까지 잘 담고 있는지 정확하고 명쾌하게 설명이 안된다. 대략 이러이러해서 그렇다고 분석해서 얘기하지만, 이 역시 엄밀히 말하면 추정에 불과하다.

이것은 문제의 답을 구하는 식, 즉 학습된 가설식의 가중치 설정값이 컴퓨터가 산출한 수치이지 사람이 연구해서 찾은 게 아니라는 점에서 비롯한다. 수많은 가중치들이 갖는 특성과 의미를 사람이 이해하기가 어려운 상황인 것이다. 학습이 끝난 후, 역으로 가중치 조합이 왜 이렇게 나왔는지를 별도로 연구해 볼 수는 있겠지만, 대부분의 경우는 가중치의 구조가 너무 복잡하기 때문에 그 연구가 잘되리라는 보장이 없다.

설명이 어려운 또 다른 이유가 있다. 딥러닝 모델 대부분은 가중치가 담긴 내부 노드들의 구조가 매우 복잡한데, 이 노드 구성이라는 것이 앞서 얘기했던 것처럼 이렇게도 해보고 저렇게도 해보며, 학습이 잘되는 구성을 실험적으로 채택하는 성격이 강하다. 이 때문에 역시 노드를 왜 이렇게 구성했는지를 논리적으로 설명하는 데 어려움이 따르는 것이다.

결국 인공지능 모델을 만드는 일의 속성 자체가 '정확한 판단'에 근거하기보다는 '실험 결과'를 따르는 특성이 있다 보니, 나중에 학습이 끝나 잘 작동하는 모델을 얻어도 이것이 왜 잘 작동하는지 명확하게 설명하기 어려운 상황이 발생한다.

☐ 우리가 분석할 수 없는 인공지능의 가중치 조합

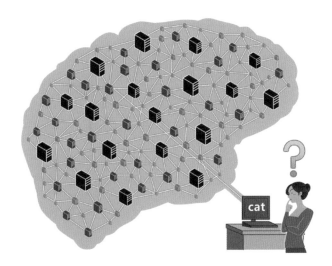

학습이 완료된 인공지능 모델이란 '수많은 가중치로 구성된 하나의 수식'이라고 표현할 수 있다. 이 수식이 갖는 수많은 가중치값의 특성과 의미를 정확히 분석하고 이해할 수 있어야 그 인공지능에 어떤 특징과 장단점이 있는지 판단할 수 있다. 그런데 가중치값들의 의미를 파악한다는 것은 정말 어려운 일이다.

AI 기술의 취약점 ②

현실 문제는 설명을 요구한다

이야기를 계속 이어가 보자. 복잡한 가중치 구조를 가진 인공지능이 내놓은 결괏값은 이것이 어떤 과정과 판단을 거쳐 산출됐는지 정확하게 설명하기가 매우 어렵다. 문제는 현실에서 우리가 하는 질문 대부분이 답과 함께 설명도 요구한다는 것이다. 예를 들어 가축전염병이 발생했을 때, 다른 농장으로 확산되는 일을 조기 차단하기 위해 감염 농가를 예측하는 인공지능 모델을 만들었다고 가정해 보자. 가축전염병 확산을 막으려면 감염 농가를 빨리 찾아 신속히 선제 조치(살처분)하는 것이 대단히 중요한데, 가축전염병 대부분은 잠복기가 있어 이미 감염됐는데도 겉으로 드러나지 않는 경우가 많다. 따라서 이미 감염됐지만 아직 잠복기라서 드러나지 않은 농가를 찾아내는 것이 중요하다.

그런데 한번 생각해 보자. 내가 공들여 키우는 가축들이 있는데, 갑자기 누가 나타나서 "이 가축들에게 전염병이 옮은 것으로 예측돼 살처분하러 왔습니다."라고 말하면, 당신은 어떤 반응을 보일 것인가. 아무리 상황이 위중하고, 모델이 예측을 잘한다고 해도, 아직 멀쩡해 보이는 동물들을 모두 살처분하겠다는 말을 어떤 농가가 순순히 받아들일 것인가. 해당 농가에서 근거를 요구할 텐데 이를 어떻게 설명할 것인가. "인공지능이 그렇다는데요."라고 말할 것인가? 이런 경우 예측은 첨단 인공지능 기술로 하는데, 결국 근거 수집은 기존 방식으로 따로 진행해야 하는 어이없는 상황이 벌어진다.

그럼에도 불구하고, 정보를 들고 일할 때와 빈손으로 일할 때의 차이는 매우 크기 때문에 이와 같은 일을 안 할 수는 없다. 앞선 경우, 방역 당국이 아무런 정보도 없이 막연하게 방역 업무를 진행한다고 생각해 보자. 어딘가에 분명 감염된 농가가 있을 텐데 알 수는 없고, 더는 피해를 막아야 하니 손 놓고 있을 수도 없다. 참 답답한 일이 아닐 수 없을 것이다. 이러한 상황에서 정확도 높은 예측 정보만큼 든든한 것은 없다. 가축전염병이 돌 때마다 수백 수천만 마리의 동물들이 죽는데, 이런 시스템이 잘 작동한다면 많은 생명이 안타깝게 죽는 일을 막을 수 있다. AI 기술은 이런 일들을 가능하게 한다.

🗌 인공지능의 예측을 설명할 근거가 필요하다

영화 〈마이너리티 리포트〉 포스터. 이 영화를 알고 있는 사람이라면 가축전염병 예측 사례를 보고선 '어? 뭔가 좀 닮았는데?'라는 생각이 들었을 것이다. 이 영화는 미래를 보는 예지자의 예측을 토대로, 범죄 발생을 예측하고 미리 처벌하는 세상에서 벌어지는 이야기다.

VIII
03

AI 기술의 취약점 ③
데이터의 한계가 곧 인공지능의 한계

데이터를 통해 학습하는 지도학습 기법의 한계는 데이터에서 비롯한다. 우리가 배운 지식이 우리가 사는 곳에서 얻을 수 있는 지식의 범위를 벗어날 수 없듯이, 데이터로 학습된 인공지능의 지식은 해당 데이터가 주는 범위와 한계를 벗어날 수 없다.

알다시피 문서나 글, 즉 텍스트화된 데이터가 우리 인간의 모든 것을 담지는 못한다. 인간의 행동과 감정, 지적 활동의 일부만 담을 수 있다. 대규모 언어 모델이 아

☐ 학습 데이터와 인공지능의 한계

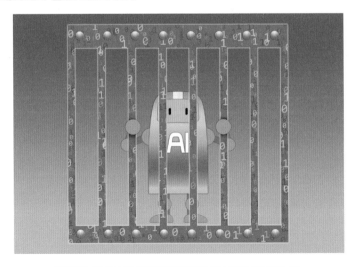

인공지능은 학습한 데이터의 한계를 고스란히 건네받는다.

무리 발전해도 '문서화된 데이터'가 갖는 한계를 넘어설 수는 없다는 말이다.

또한 많이 알려진 것처럼 학습 데이터의 정보가 왜곡되면, 이를 바탕으로 학습한 인공지능도 그대로 특성이 왜곡된다. 구직자의 서류 전형을 담당하는 AI 모델이 왜곡된 데이터, 예를 들어 여성보다 남성 비율이 많은 데이터를 학습했다면, 자연스럽게 남성을 더 많이 합격시킬 것이다. 백인 피부 데이터를 중심으로 학습한 피부 질환 진단 모델은 흑인을 상대로 해서는 진단 성능이 떨어질 수밖에 없다.

인공지능 기술에는 객관성, 균형성 같은 개념이 없다는 점에 주의해야 한다. 기계이니까 객관적이고 합리적일 것이라 생각하면 큰 착각이다. 인공지능은 주어진 데이터를 그대로 받아들일 줄만 안다. 데이터에는 현실이 그대로 반영돼 있다. 그래서 인공지능의 오작동을 보고 인공지능을 탓하는 것은 아무 의미가 없다. 인공지능이 바르게 작동하려면 데이터(현실)를 먼저 수정해야 한다.

또 한 가지는 많은 이가 오해하는 부분인데, 인공지능이 데이터를 지속적으로 학습한다고 생각하는 경우가 종종 있다. 현재 인공지능 기술은 스스로 학습하지 못한다. 인공지능 모델은 개발 과정에서 학습된다. 개발이 끝난 인공지능은 더 학습하지

🗀 똑똑하지 않은 인공지능

현재 인공지능 기술은 스스로 학습하는 기술이 아니다.

않는다. 인공지능이 필요할 때 스스로 알아서 학습하는 개념은 없다. 지금 기술에는 그런 프로세스 자체가 존재하지 않는다. 다만 서비스의 현행화나 개선을 위해 개발자가 재학습이나 추가 학습을 진행할 수는 있다. 당연히 사람이 직접 실행하는 수작업이다.

인공지능 학습은 별도의 고성능 서버에서 이뤄지고, 서비스 작동은 보통 응용 서비스를 하는 서버 또는 스마트폰이나 PC와 같은 클라이언트 단말에서 진행된다. 즉 학습과 작동이 별개로 분리돼 있다. 물론 학습 데이터를 자주 업데이트하며 정기적으로 재학습이 진행되도록 만들 수는 있을 것이다. 그러나 대부분의 경우 이 방법은 투입 비용 대비 효용성이 크게 떨어진다. 인공지능 모델을 학습시키는 일은 그 자체로 큰 프로젝트이기 때문이다.

하물며 BERT나 GPT와 같은 대규모 언어 모델은 한 번 학습에 일반적인 경우보다 훨씬 큰 비용이 들어가기 때문에 빈번한 학습을 고려할 수가 없다.

AI 기술의 극악한(?) 속성
머신러닝은 컴퓨터를 극한으로 사용하는 기술이다

사실 인공지능 기술은 사악하지 않다. 이 기술을 이용하는 사람이 사악할 수도 있을 뿐이다. 이 페이지의 주제는 '인공지능 기술이 위험하다, 사람에게 해를 끼칠 수 있다.' 이런 내용과는 관계없다. 그저 머신러닝 기술이 기존 자동화 기술들과 어떻게 다르며, 어떤 특징이 있는지에 대한 이야기다. 대단치 않으며, 어떻게 보면 싱거울 수도 있는 주제다.

기계는 지치지 않는다. 불평도 안 한다. 게다가 컴퓨터는 다른 기계들과 달리 닳지도 않는다. 끄지 않고 며칠간 24시간 풀가동한다고 해도 눈 하나 깜짝 않는다. 머신러닝은 컴퓨터의 이 같은 장점을 십분 활용하는 기술이다.

손으로 쓴 숫자 이미지를 인식하는 모델을 복잡한 딥러닝을 적용하지 않고 단순 다중분류 기법으로만 학습시킨 III 장의 예시에서도 약 70억 5천6백만 건의 계산이 발생한다. 사람이 한다는 것은 도저히 상상도 할 수 없는 일이다. 컴퓨터는 이런 일을 시켜도 지치지 않고 빠르게, 그리고 정확하게 수행한다.

머신러닝은 컴퓨터, 즉 기계의 속성을 잘 이해하고 장점을 살려 활용성을 극대화한 기술이라 할 수 있다. 특히 최근의 대규모 언어 모델은 컴퓨터의 이런 속성을 극한으로 끌어올려 활용한 사례다.

GPT를 학습시킬 때 몇 번의 weight 계산이 발생하는지 계산해 본 사람이 있는지 모르겠다. 세부 구조가 공개돼 있지 않기 때문에 정확히 따져볼 방법은 없지만, GPT-3의 매개변수가 1,750억 개이고, 학습에 사용된 단어가 약 3천억 개라고 하니

🗹 인공지능 모델의 학습

인공지능 모델의 학습은 컴퓨터에 극악의 단순노동이다.

단순하게 이 두 숫자만 곱해도 52,500,000,000,000,000,000,000건의 가중치 계산이 발생한다. 이 숫자가 얼마나 큰지는 역시 가늠이 안된다. 흔히들 천문학적이라고 하지만, 사람의 머릿속에서 상상해 볼 수 있는 한계는 이미 넘어선 것 같다. 이런 극악한 규모의 계산일지라도 컴퓨터는 묵묵하고 정확하게 수행한다.

인공지능 기술의 원리와 작동 구조를 살펴보다 보면, 학습 모델을 설계한다는 것이 결국 데이터의 흐름 체계를 설계하는 것과 비슷하다는 생각을 하게 된다. 수많은 데이터가 수많은 노드들, 즉 퍼셉트론들을 흘러 다니면서 여기에 세팅된 가중치들을 조금씩 수정해 가는 과정이 곧 학습이며, 이 구조를 설계하는 것이 인공지능 모델링의 핵심이기 때문이다.

참 혁신적인 기술이다. 구글이 처음 만든 머신러닝 라이브러리의 이름을 텐서플로(Tensor Flow)라고 명명한 것이 괜히 그런 게 아니구나 하는 생각을 하게 된다. 참고로 텐서란 고차원 벡터를 말한다. 인공지능에서 활용되는 고차원 데이터를 일컫는 다른 표현이라고 보면 된다. 즉 텐서플로란 '데이터 흐름'을 뜻한다.

다음 페이지로 넘어가기 전에 잠깐 간단한 퀴즈를 풀어보자. 다음은 인공지능 스피커를 제작하기 위해 작성한 서비스 개발 요구서의 내용 중 일부다. 이 내용 중 현기술을 잘못 이해하고 작성한 문구가 있다. 무엇일까?

AI 스피커 서비스

유저의 사용 내역을 자동 저장해 유저의 다음번 사용에 반영할 수 있도록 스스로 학습을 진행하는 기능 구현

이 책을 여기까지 착실히 읽은 분이라면 누구나 어렵지 않게 맞혔을 것 같다. 정답은 '스스로'라는 문구다. 현재 기술 구조를 이해한다면 이것이 매우 비합리적인 요구 사항이라는 것을 알 수 있다. 현재 인공지능 기술에 인공지능이 스스로 학습을 진행하는 개념은 없다. 학습은 사람이 시키는 것이다. 학습과 실행이 분리돼 있다는 말이다. 학습 과정은 학습용 데이터 준비와 별도의 학습용 컴퓨팅 자원을 요구하는 큰 프로젝트다. 실행은 학습된 결과물에서 답을 산출하는 수식, 즉 가중치 매트릭스만 가져다 사용자 SW에 탑재해 서비스를 작동시키는 별개의 작업이다.

VIII 05 인공지능은 결국, 데이터
학습 데이터 확보는 중요하지만 쉽지 않다

인공지능은 기본적으로 데이터가 밥이다. 풍부한 데이터는 AI 산업을 활성화하는 최고의 자원이다. 그런데 인공지능 모델 개발을 위해 학습 데이터를 확보하는 일이 결코 쉽지는 않다. 예시를 하나 들어보자.

과수원에서 수확한 사과들 중 불량 사과를 자동으로 분류하는 AI 모델을 만든다고 해보자. 참고로 과일 크기나 무게에 따른 분류는 지금도 기계를 사용해 자동으로 할 수 있지만, 양품인지 불량품인지 분류하는 일은 사람이 일일이 눈으로 모두 확인해 수작업으로 진행해야 한다.

이 모델을 만들려면 어떤 데이터를 확보해야 할까? 외형을 보고 판단하는 일이니 사과를 촬영한 사진이 많이 필요할 것이다. 양품 사과와 불량품 사과를 찍은 사진 데이터를 골고루, 충분하게 확보해야 한다. 불량 사과에도 여러 종류가 있다. 생리 장해, 기형, 병해, 충해, 조류 피해, 반점, 상처, 쪼개짐, 멍 등이다. 이런 다양한 불량 형태에 모두 대응하려면 이 유형들 모두와 관련한 사례 사진이 많이 있어야 한다. 그것을 또 품종별로 진행해야 한다. 한국의 주력 재배 품종만 해도 부사, 홍로, 아오리 세 가지나 된다.

한 농가의 사과만 찍을 수도 없다. 잘 작동하는 모델을 만들려면 최대한 다양한 농가로부터 사진을 수집해야 한다. 같은 과일이라도 재배한 농가에 따라 맛과 모양에 차이가 난다. 이런 조건들을 충족하면서 AI 모델을 학습시키려면 적어도 수만 장의 사과 사진이 필요할 것이다.

어려운 조건이지만 이를 충족해 사과를 충분히 확보했다 해도, 다음 단계인 사진을 촬영하는 일 또한 그리 간단하지 않다. 불량을 놓치지 않으려면 사진을 여러 각도에서 찍어야 한다. 아래위 좌우로만 찍어도 최소 4번을 찍어야 할 것이다. 여러 카메라가 동시에 촬영을 해야 할텐데, 조명 밝기도 일정해야 한다. 배경도 동일한 것이 좋다.

더 큰 문제는 일 년 동안 정성 들여 키운 작물이기 때문에 농가에서 사과를 빌려 줄 리가 없다는 것이다. 이런 작업을 거치는 순간 상품성이 떨어지기 때문이다. 설령 촬영에 협조해 준다 하더라도 사과가 촬영 과정에서 손상될 가능성이 있기 때문에 결국 촬영할 사과를 구매해야 할 가능성이 크다.

☐ 불량 사과의 여러 유형

불량에도 여러 유형이 있다. 사실 사진처럼 티 나는 불량품은 수확 과정에서 버려지기 때문에 문제가 되지 않는다. 흠이 작아서 정상적으로 수확된 사과들이 주로 분류 대상이 된다.

VIII

06

데이터 정제와 레이블링

학습 데이터를 만드는 일에는 시간과 인력과 돈이
들어간다

아직 일이 끝난 것은 아니다. 힘들게 사과 사진을 확보해도 또다
시 까마득한 일들이 기다리고 있다. 일단 흔들린 사진, 초점을 잘못 맞춘 사진, 조명
이 잘못된 사진, 원치 않는 이물질이 포함된 사진 등 잘못 찍힌 사진들을 일일이 찾
아 모두 폐기해야 한다. 여러 카메라로 동시에 작업을 했을 테니 만약 해상도가 일
치하지 않는다면 모두 통일해 주고, 이미지 크기도 맞춰야 한다. 또한 모든 사과가
중앙에 정렬되도록 이미지 자르기 또는 편집 작업을 해줘야 한다.

이렇게 정제 가공 작업이 끝나면, 마지막으로 학습 데이터를 위한 필수 작업, 즉
레이블링을 한다. 사과 사진마다 양품, 불량품이라는 레이블을 붙여야 하는 것이다.
불량 유형까지 식별하려면 불량 유형 정보도 같이 표기해야 한다. 심지어 정확도 높
은 모델을 만들기 위해서는 일일이 마우스로 사과의 가장자리를 따서 '이 부분이 사
과 이미지'라는 것을 표시해야 할 수도 있다. 이와 같은 작업들을 사람이 수동으로
해야 한다. 사진 수천수만 장을 이렇게 작업해야 한다.

이처럼 학습용 데이터는 확보하기도 어렵지만, 확보하고 나서도 할 일이 많다. 이
렇기 때문에 AI 개발에 있어 데이터 문제가 큰일이라고 이야기하는 것이다. 목표가
정해져도 학습에 활용 가능한 수준의 데이터를 만들어내는 것이 쉽지 않다. AI 모
델 개발을 위한 학습용 데이터 구축에는 많은 시간과 인력과 돈이 들어간다.

학습용 데이터를 확보하는 현장은 대부분 형편이 비슷하다. 갯벌 낙지 사진, 가축
전염병 확산 농가 데이터, 보이스피싱 데이터, 기상예보 데이터 등 어느 분야의 데

이터를 확보하든 그 현장에는 나름의 고충이 있다. 아마 좋은 아이디어가 있어도 데이터 확보 문제로 실행을 못하는 경우가 적지 않을 것이다.

그렇지만 과일의 양/불량을 자동 선별하는 AI 모델은 머지않아 개발될 것이다. 만들기가 힘들지만 농촌 현장의 일손을 덜 수 있다는 수요가 분명하고 효용 가치가 높은 서비스이기 때문이다.

☐ 학습 데이터로 쓰지 못하는 사과 사진들

해상도, 초점 등의 문제가 있으면 데이터가 되지 못한다.

☐ 데이터 레이블링을 위한 가장자리 표시

사과 사진의 가장자리를 정확히 표시하면, 모델이 이미지를 더 정확하게 인식할 수 있다.

VIII

07

언어 모델을 위한 데이터 확보
언어 모델은 학습용 데이터 확보가 용이하다

이 지점에서 얘기하고 가야 할 대규모 언어 모델 개발이 가진 특장점이 있다. 대규모 언어 모델 개발은 학습용 데이터 확보 측면에서 굉장히 유리하다. 대규모 언어 모델이 필요로 하는 것은 양질의 문장, 즉 문서 데이터다. 생각해 보자. 양질의 텍스트 데이터 하면 무엇이 떠오르는가? 위키백과, 논문, 뉴스 기사, 소설, 기타 온라인 간행물 등등이 대표적이다. 이 데이터들은 대부분 온라인에 '공개'돼 있다. 쉽게 구할 수 있다는 말이다. 게다가 일정 수준의 품질까지 보장된다. 정

📋 학습용 데이터 구축하기

학습용 데이터를 확보하려면 고단한 과정을 거쳐야 한다.

제 작업이 상대적으로 용이하다는 뜻이다. 학습을 위한 레이블링은? 기억하겠지만 언어 모델은 레이블링이 필요 없다. 앞서 'V-2 글자·단어 예측 모델의 지도학습'에서도 이야기한 것처럼 언어 모델이 학습에 사용하는 데이터의 레이블은 다음 단어이기 때문에 데이터에 레이블도 이미 들어 있다. 따라서 굳이 학습용 데이터를 만들기 위해 사람이 일일이 답을 달아줄 필요가 없다.

BERT는 문장 중 빈칸 맞히기와 다음 문장 예측하기, GPT는 다음 단어 예측하기 방식으로 학습하기 때문에 예측 시점에는 맞힐 단어를 가려주고, 확인 시점에는 가렸던 단어를 다시 열면 그만이다. 인공지능을 학습시키기 위해 데이터 하나하나에 정답을 기입하는 고단한 과정을 요구하지 않는다는 것은 대단한 장점이다.

대규모 언어 모델 개발은 방대한 양의 데이터를 확보하는 일이 상대적으로 용이하고, 학습용으로 가공하는 일도 용이하다. 게다가 데이터 레이블링도 생략할 수 있는 대단한 장점들이 있다. 이 말은 데이터에 큰 비용과 시간을 들이지 않고도 모델을 얼마든지 풍부한 데이터로 학습시킬 수 있음을 뜻한다. 손쉬운 학습 데이터 확보는 대규모 언어 모델이 탄생할 수 있었던 중요한 배경 중 하나다.

☐ 학습 데이터 구축에 언어 모델이 지닌 장점

언어 모델의 학습 데이터 구축에는 레이블 작업이 필요 없다.

VIII
08

인공지능은 지능을 갖췄는가
기계학습과 인공지능의 차이

지금 우리가 사용하는 인공지능은 지능인가 아닌가. 머리말에서도 언급했지만, 한 번쯤은 명확하게 정리하고 가야 하는 주제라고 생각한다.

퍼셉트론은 인간의 지능 작동을 전기적으로 재현해 본 초기 시도가 맞다. 그러나 현재 이 기술, 퍼셉트론을 사용해 구현한 머신러닝 기술이 지향하는 바는 지능을 구현하는 것이 아니라 기능을 구현하는 것이다. 그간 컴퓨터에게 시키지 못했던 복잡

☐ 고성능의 자동화 기계

산더미같이 쌓인 판례 문서를
대신 분류·검토해 주는 AI

의사를 도와 진료 차트를 분석하는 AI

인간은 경험을 통해 성장하지만 머신러닝은 이와 같은 성장 체계가 없다. 그리고 이 기술 어디에도 인간의 지능이나 뇌의 구조에 관한 것은 없다. 현재 전 세계의 수많은 사람이 관심을 보이고, 수많은 개발자가 참여해 연구하고 개발하고 있는 이 기술은 '지능 구현'이 아니라 '업무 자동화'와 관련한 것이다.

한 일들을 컴퓨터도 할 수 있게 자동화하는 것이 목표인 기술이다. 다만 이 자동화 기능을 사람이 온전히 구현하지 않고, 컴퓨터가 수많은 시행착오를 거치면서 잘 작동하는 설정값을 자동으로 찾도록 한다. 이 과정이 '학습'이라 불릴 만한 특성을 지니고 있어서 인공지능이라고 부르고 있을 뿐이다. 현장 전문가들은 인공지능이라 부르기보단 여전히 '기계학습'이나 '머신러닝'이라는 용어를 더 많이 쓴다.

정리하자면, 이 기술은 '지능'이 아닌 '자동화'와 관련한 기술이다. 따라서 기술 개념으로는 Trainable Machine, 서비스를 칭하는 용어로는 Trained Machine이라 부르는 것이 더 타당하다고 생각한다. 대중적으로는 Smart Machine이라는 용어도 나쁘지 않을 듯하다. 이 기술의 특징이나 장점을 무난하게 담은 용어라고 생각한다.

기계학습이나 인공지능이나 그게 그거지 뭘 자꾸 까다롭게 따지느냐고 말할 수 있겠지만, 두 가지 용어에는 큰 시각차가 있다. 기계학습이란 말은 이 기술을 구현하고 활용하는 '사람'에게 관심의 초점을 맞추지만, 인공지능이란 말은 만들어진 산출물, 즉 '구현된 모델'이 스스로 어떤 문제를 일으킬 수 있다는 뉘앙스를 풍긴다. 만든 사람이 아닌, 만들어진 AI 모델에게 관심의 초점을 두게 한다는 것이다. 인공지능이라는 용어는 규제하고 통제해야 할 대상을 기계로 착각하게 만드는 효과가 있다. 지금의 인공지능 기술이 스스로 할 수 있는 것은 아무것도 없다. 모두 사람에 의해 벌어지는 일들이다. 문제는 그것을 만든 '사람'이 어떤 윤리 의식을 갖고 만들었는가이다.

대상을 명확히 정의하지 못한 문제는 해결하는 과정에서 많은 혼선을 야기할 수밖에 없다. 하물며 그것이 사회적으로 큰 이슈인 상황에서는 커다란 사회비용까지 유발한다. 우리는 대상이 명확해진 뒤에야 비로소 문제 해결을 위한 첫발을 뗄 수 있다.

VIII

09 강인공지능과 약인공지능
스스로 사고하고 실행할 수 있는가

필자는 요즘 인공지능을 표현할 때 종종 사용되곤 하는 안드로이드의 이미지를 좋아하지 않는다. (책 여기저기에 안드로이드 이미지를 썼지만 말이다.) 현재의 기술 속성을 이해하지 못한 채 사람들의 관심과 막연한 공포심에 초점을 맞춰 '안드로이드'(인공 사람)를 형상화한 이미지에는 잘못된 인식과 부정적 요소가 내포돼 있기 때문이다.

인공지능을 크게는 강인공지능(Strong AI)과 약인공지능(Weak AI)으로 구분하기도 한다. Strong AI라 함은 인간과 같이 스스로 사고하고 심지어 자의식도 있는, 그야말로 인간을 재현한 인공지능을 말한다. Weak AI는 알파고, 통번역기, 음성 비서, 검색창 입력기와 같이 특정 기능만 수행할 수 있는 현재의 AI를 말한다. 대규모 언어 모델도 약인공지능에 속한다.

그렇다면 정확히 어떤 기준을 충족해야 강인공지능이라 할 수 있을까? 아직 학술적으로 정의돼 있는 것은 없지만, 필자는 다음 요건을 갖춰야 한다고 생각한다.

☐ 인공지능을 형상화한 예시

인공지능은 종종 이와 같은 안드로이드 형상으로 표현된다.

1. 스스로 생각할 주제를 정해

2. 그 주제로 논리적 사고를 하고

3. 사고의 결과를 실행할 수 있는 능력을 갖춘다.

아직 현실에 이와 같은 요건을 갖춘 인공지능은 존재하지 않는다. 작동 원리나 구조는 생각하지 말고 결과만 놓고 보면 ChatGPT와 같은 대규모 언어 모델의 경우, 1번 조건은 X, 2번 조건은 O, 3번 조건은 △라고 평가할 수 있을 듯하다. 사실 2번 조건도 온전히 충족하는 것은 아니다. 대규모 언어 모델이 실제 사고를 하는 것이 아니고, 생각을 한 것처럼 문장을 만드는 것뿐이기 때문이다. 다만 결과적으로는 생각을 하는 것처럼 보이니 그렇다고 치자. 그래도 여전히 3점 만점에 1.5점이니 강인공지능으로 볼 수는 없다.

지금의 기술로 구현한 인공지능 모델에는 의식 흐름, 즉 사고 체계가 없다. 문제가 주어지면 잘 학습된 수식에 문제(데이터)를 대입해 예측값을 산출할 뿐이다. 이것은 대규모 언어 모델인 BERT나 GPT도 마찬가지다. 다만 예측값을 산출하는 수식이 엄청나게 크고 정교해서, 기계가 내는 답변이 마치 지적인 존재가 답을 주는 것처럼 고도화되고 있을 뿐이다.

☐ 강인공지능을 소재로 삼은 영화 〈A.I.〉의 포스터

이 영화는 스스로 사고하고 자의식이 있는 '인공 인간'의 고뇌를 다뤘다.

강인공지능의 출현 가능성
무엇을 만들어야 하는지부터 알아야 한다

강인공지능, 즉 사람의 지능을 모방한 인공지능을 만드는 것이 가능할까? 어떤 미래학자는 2045년에 특이점이 와서 인간을 능가하는 인공지능이 나타날 것이라고 예언하기도 했다는데, 필자는 개인적으로 그럴 가능성이 거의 없다고 생각한다. 그 학자가 말한 특이점이 만약 인간의 복잡한 지능적 측면이 아니고 단순히 인간의 여러 기능적 측면을 지칭하는 것이라면, 그런 특이점들은 이미 자주 실현돼 왔다고 할 수 있다.

이미 오래전부터 기계는 사람보다 빨리 달린다. 자동차를 이길 수 있는 사람은 없지 않은가. 계산 능력도 마찬가지다. 사람은 기계에 계산을 의존한 지 오래다. 컴퓨터를 능가하는 계산 능력을 가진 사람은 있을 수 없다. 그리고 머신러닝 기술의 발전으로 인해 그동안 기계가 잘하지 못했던 여러 분야에서도 이 새로운 기계가 사람을 초월하는 일들이 이미 일어나고 있으며, 앞으로 더 많이 일어날 것이다.

진단 차트 판독, 회계장부 정리, 번역, 판례 분석, 불량품 검출, 문서 분류 등 우리 생활 곳곳에 자동화되면 좋은 일들은 아주 많고, 이를 자동화하려는 노력들이 시도되고 있다. 그러나 자기 주체성을 강조하는 인간 지능의 측면에서 보자면, 강인공지능이 가능한지 아닌지 판단조차 어렵다고 말하고 싶다.

사람에게는 자성(自醒)이 있다. 감성 로봇과 말 잘하는 로봇과 운동 잘하는 로봇과 공부 잘하는 로봇과 일 잘하는 로봇을 합치면 인간같이 될까? 그렇진 않을 것 같다. 그것은 인간과 전혀 비슷하지 않을 것이다. 인간은 아직 인간의 사고 체계조차 규명하지 못했다. 인류는 아직 왜 같은 상황에서 어떤 사람이 화를 내고, 어떤 사람이 차분하고, 어떤 사람이 슬퍼하는지 원리를 알지 못한다. 이것은 인공적으로 인격체를 만들려 해도 뭘 만들어야 하는지조차 아직 모른다는 것을 뜻한다. 백 년이 걸릴지 이백 년이 걸릴지, 아니 가능한지 아닌지도 모른다. 이런 상황에서 강인공지능의 등장을 고민하는 것은 현명하지 않은 일이라고 생각한다. 아직 이것은 학문·연구의 영역에 있다. 게다가 컴퓨터 기술도 아닌 심리학·철학·의식 과학의 영역에 있다.

기능 결합과 인공지능의 실현

| 감성 로봇 | 말 잘하는 로봇 | 운동 잘하는 로봇 | 공부 잘하는 로봇 | 일 잘하는 로봇 |

감성 로봇과 말 잘하는 로봇과 운동 잘하는 로봇과 공부 잘하는 로봇과 일 잘하는 로봇을 기술적으로 잘 결합하면 인간같이 될 수 있을까?

"나는 생각한다. 고로 존재한다."
- 르네 데카르트

어떻게 사람이 자아와 자성을 갖고 스스로 생각하며 성찰하고, 주도적으로 판단해 행동하는지는 아직 밝혀진 바가 많지 않다. 마치 우리가 아직 우주에 대해 모르는 것이 너무 많은 것처럼 의식에 대해서도 모르는 것이 너무 많다.

VIII

11

범용 인공지능

이것저것 다 잘하는 인공지능이 등장할 수 있을까?

범용 인공지능(Artificial General Intelligence, AGI)이라는 말은 보통 강인공지능이라는 말과 같은 의미로 쓰인다. 약인공지능과 달리 모든 상황에 일반적으로 두루 활용할 수 있는, 인간 수준의 인공지능을 뜻하기 때문이다. 그래서 범용 인공지능이 가능할지에 대해서도 강인공지능처럼 전망이 엇갈린다.

그런데 최근 ChatGPT와 같은 대규모 언어 모델들이 기능적 측면에서 '범용적'이라고 볼 수 있는 특성을 보여주고 있다. 대화 시스템임에도 불구하고 대화뿐만 아니라 컴퓨터 프로그램 코드 생성, 번역, 소설 쓰기, 교육, 보고서 쓰기 등 다양한 용도로 사용될 수 있는 것이다. 또한 여러 기업들이 기능 확장을 위한 인터페이스를 활용해 그림 그리기, 쇼핑 도우미, 가정교사 등 더 많은 기능들을 구현하고 있다.

이런 일이 가능해진 것은 우선 대규모 학습을 통해 '언어 체계'를 통째로 습득한 것이 첫 번째 이유라고 생각한다. 두 번째 이유는 대화라는 기능 자체가 본래 가진 포괄적 성격 때문이다. 대화는 서로 이야기를 나누는 행위이고, 이 기능은 잡담하기, 정보 주고받기, 계획 세우기, 공부 가르쳐주기, 문제 해결책 찾기 등 여러 용도로 사용될 수 있다.

물론 기능 확장의 경우는 다른 인공지능 모델과 결합하거나 추가 개발을 통해 만들어지기 때문에 이를 범용성으로 보는 것은 무리일 수 있다. 그러나 대규모 언어 모델이 적어도 '다용도'라는 점은 분명하다. 다만 이것이 정말 범용 모델로 발전한다 해도 한계는 있을 것 같다. 앞서 얘기한 것처럼 문서를 학습한 모델은 문서를 넘어설 수 없다. 기능 확장의 경우를 제외한 앞의 예시들도 자세히 보면 그 능력들이 문장 생성의 범위를 벗어나지는 못한다.

그럼에도 불구하고 대규모 언어 모델의 등장은 범용 인공지능이 등장할 수 있음을 보여준다는 점에서 의미가 있다. 문장 생성하기, 대화하기와 같이 목표하는 기능 자체에 범용성이 있으면, 구현되는 인공지능도 범용적이 될 수 있다는 것이다.

물론 여기에서 범용과 범용적이라는 말은 차이가 크다. '범용적'은 여전히 약인공지능의 범주에 있다. 범용 인공지능의 출현 가능성은 여전히 요원하지만, '범용적' 인공지능은 이제 종종 출현할 수도 있다. 그간 강인공지능과 범용 인공지능이 같은 의미로 쓰여 왔는데, 이제는 좀 구분해 써야 할 때가 온 게 아닐까. 어쩌면 특정 기능용과 범용의 중간인 '다용도 인공지능'이라는 용어가 필요할지도 모르겠다.

☐ 다용도로 활용 가능한 대규모 언어 모델

프로그램 코드 생성

통번역

소설 쓰기

교육

보고서 쓰기

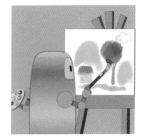

그림 그리기

범용 인공지능의 출현은 쉽지 않겠지만, '다용도' 인공지능은 앞으로 종종 등장할 수 있다.

VIII

12 | 행동 모델의 가능성
대규모 행동 모델이 등장할 수 있을까?

       현재 인공지능 기술은 지능을 구현하는 것이 아니라고 정리하더라도, 한 가지 간과한 것이 있다. 지능이 없더라도 인간을 흉내 내어 행동하는 것은 가능하다는 점이다. 목적이 인공 인격체 구현이라면 모르겠지만, 그게 아니라 단순히 인간을 대신하는, 즉 사람 대신 일하는 기계를 만드는 것이 목적이라면 꼭 인간의 사고방식과 체계를 똑같이 따를 필요는 없다. 방법이야 어떻든 인간과 유사하게 말하고 행동하게 만들면 되니까 말이다.

    결과적으로 봤을 때 비슷하게 인간을 흉내만 낼 수 있어도 여러모로 쓸데가 있지 않을까? 어떤 방법으로든 인간을 흉내 내거나 인간을 능가할 수 있다면, 굳이 인간의 의식을 구현했냐 아니냐는 중요한 문제가 아닐 수도 있다. 막말로 지능이 없어도 어떻든 작동 결과만 기능적이면 된다는 말이다.

    그런데 우리는 이제 데이터와 컴퓨터만 많이 있으면 사람과 유사하게 대화하는 기계를 만들 수 있다는 것을 '발견'했다. 완벽하진 않지만 현재 수준으로도 대규모 언어 모델은 이미 충분히 쓸 만하지 않은가.

    그렇다면 사람처럼 말하는 인공지능을 만들었으니 사람처럼 행동하는 인공지능도 만들 수 있지 않을까? 언어 모델을 만들었으니 행동 모델도 만들 수 있지 않을까? 한번 생각해 보자. 사람의 행동을 데이터화하거나 뇌파 신호를 모두 데이터화하고, 이것을 아주 많은 사람으로부터 수집해 방대한 양의 데이터를 확보한다면, 그리고 방대한 컴퓨팅 자원을 활용해 이를 학습시킨다면 어떻게 될까. 다음 행동을 예측하는, 즉 다음 행동을 생성하는 모델도 만들 수 있지 않을까? 그리고 이와 같은 모델을 인간형 로봇에 탑재한다면, 마치 사람처럼 자연스럽게 행동하는 휴머노이드가 탄생할 수 있지 않을까?

☐ **행동 모델을 탑재한 로봇은 어떤 모습일까?**

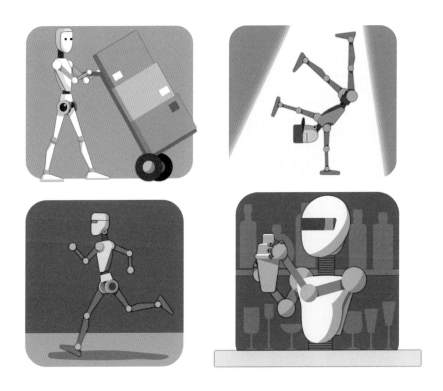

행동 모델 또한 학습 데이터 구축 과정에서 데이터 레이블링이 필요 없다는 장점이 있을 것이다. 지금 행동 데이터의 다음 행동 데이터가 레이블이 될 것이기 때문이다.

VIII

13

고성능 기계, 그리고 사람

휴머노이드와 함께하는 세상

일상을 로봇과 함께할지도 모른다

행동 모델을 탑재한 휴머노이드가 만들어졌다고 상상해 보자. 지금 우리가 ChatGPT와 다양한 이야기를 나누고 일을 하는 것처럼 휴머노이드와 함께 운동이나 청소, 보드게임을 하고, 장바구니를 나를지도 모른다. 농장이나 공사 현장에서도 힘들고 위험한 일은 휴머노이드가 대신하고 있을 것이다.

휴머노이드 로봇의 이미지

행동 모델을 탑재한 휴머노이드가 만들어진다면, 우리는 이들과 일상을 같이할지도 모른다.

216

☐ 휴머노이드의 활용

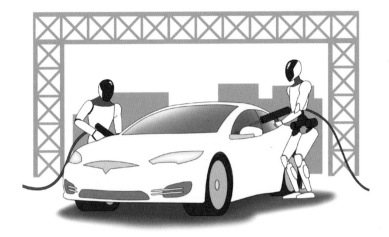

대규모 행동 모델을 탑재한 휴머노이드 역시 활용성이 매우 클 것이다.

물론 대규모 행동 모델을 만드는 일은 대규모 언어 모델을 만드는 것보다 훨씬 어려운 일이 될 것이다. 우선 데이터가 없다. 언어 모델이야 이미 오랫동안 축적된 텍스트 데이터라는 자원이 있어 어렵지 않게 시작할 수 있었지만, 행동 모델의 경우 빈손이나 다름이 없다. 학습에 필요한 대량의 데이터를 새롭게 만드는 일부터 시작해야 한다. 이 데이터들은 반드시 정신적으로 건강한 사람한테만 수집해야 한다. 앞에서 얘기했던 것처럼 데이터를 만든다는 것은 보통 일이 아니다. 게다가 행동은 말보다 체계가 훨씬 복잡해서 모델을 설계하는 일도 난도가 높을 것이다. 사람의 안전과 직결되는 일이기 때문에 여러 각도에서 고려해야 할 사항도 많다. 이상행동에 대한 허용 기준도 언어 모델에 비해 훨씬 까다롭게 설정해야 한다. 말과 행동은 무게감이 크게 다르다.

그러나 시간이 오래 걸릴지라도 대규모 행동 모델을 만드는 일이 언젠가는 분명 실현되지 않을까? 강인공지능은 아닐지라도 강인공지능처럼 보이는, 즉 마치 인간처럼 생각하고 행동하는 것처럼 보이는 '유사 인공지능'이 나타날 수 있지 않을까?

다소 엉뚱한 얘기처럼 들릴 수도 있겠지만, 잘 만들어진 대규모 언어 모델을 무한정 떠들도록 놔두면 어떻게 될지 궁금하다. 어떤 일관된 특성, 이를테면 개성이나 의식 흐름과 유사한 것을 보여줄지, 아니면 기계적으로 모든 문장의 꼬리에 꼬리를 물며 의미 없는 말들을 무한히 떠들지, 과연 어떤 특성을 보여줄지 궁금하다. 왜냐하면 여기서 볼 수 있는 현상은 인간 행동을 따라 하는 행동 모델 로봇이 향후 만들어졌을 때, 로봇이 어떤 행동 패턴을 보여줄지, 어느 정도 수준까지 자연스럽고 사람 같은 모습을 보여줄지 가늠해 보는 잣대가 될 수도 있기 때문이다.

AI 서비스의 개발 과정

모델 학습이 큰 비중을 차지한다

조금만 공부하면 누구나 ChatGPT와 같은 대화 시스템을 만들어 볼 수 있는 세상이다. 여러분도 기본적인 프로그래밍 지식만 익히면, 대규모 언어 모델을 활용해 새로운 서비스를 지금 당장 만들어볼 수 있다. BERT를 비롯해 사전 학습된 여러 대규모 언어 모델들이 서비스 개발자를 위한 라이브러리(컴퓨터 프로그래밍에서 자주 쓰는 것들을 모아놓은 프로그램 모음)로 공개돼 있고, GPT와 같이 개발자 인터페이스(외부 프로그램을 호출해 사용할 수 있도록 사용 방법을 정의한 것) 형태로 제공되는 것들도 있어서 언제든 무료로 사용할 수 있다. 누구나 마음먹으면 대규모 언어 모델을 쉽게 접할 수 있고, 이를 활용해 본인의 아이디어를 실현할 수 있는 환경이 이미 갖춰져 있는 것이다.

얼른 해보고 싶다면 220쪽의 링크를 통해 지금 바로 해볼 수도 있다. 해당 링크에 있는 샘플 코드를 공부해 이리저리 바꾸고 덧붙인다면 당장 나만의 LLM 서비스를 구동해 볼 수 있다. 코드를 마구 수정해도 괜찮다. 큰일 나지 않는다. 큰일이라고 해봐야 서비스 제공사의 서버가 애먼 고생을 좀 하는 정도이고, 그마저도 사용자가 브라우저를 꺼버리면 모두 종료된다.

인공지능 서비스라고 하면 뭔가 거창하고 어렵게 만들었을 것 같다. 일반인 입장에서는 구체적으로 어떻게 만들어지는지 짐작하기가 쉽지 않을 듯하다.

AI 서비스 개발도 일반적인 소프트웨어 개발과 크게 다르지 않다. 다만 '학습'이라고 하는 프로젝트가 추가될 뿐이다. 보통 소프트웨어는 서비스 기능을 기획하고 이에 필요한 알고리즘을 선택해 이를 코드로 구현하는 절차를 거치는데, 인공지능 소프트웨어는 알고리즘 대신 모델을 선택하고 모델을 작동시키기 위해 학습이라는 절차를 추가한다는 점이 다를 뿐이다.

☐ LLM을 사용한 미니 서비스 예제

LLM 사용 예제
m.site.naver.com/1cF2e

학습이 끝나면 무엇을 얻을까? 문제 해결에 필요한 수식을 얻는다. 실질적으로 말하자면 이 수식에 담긴 가중치 매트릭스를 얻는다. 대부분의 경우 수식에는 아주 많은 양의 매개변수, 즉 가중치들이 들어 있기 때문에 수식을 얻는다는 말보다 가중치 매트릭스를 얻는다는 말을 자주 쓴다.

만들고자 하는 소프트웨어의 핵심에 사람이 설계한 알고리즘 대신 컴퓨터가 학습을 거치며 설정한 가중치 매트릭스를 얹는다는 것이 인공지능 서비스 개발의 특징이다.

☐ 인공지능 소프트웨어와 일반 소프트웨어의 차이

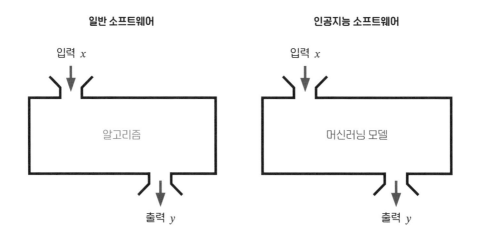

소프트웨어 관점에서 볼 때 학습된 인공지능 모델은 입력을 주면 답을 출력하는 함수와 크게 다를 게 없다.

VIII

15

AI 전문가가 되려면
기초를 탄탄히 하고 필요한 기술을 습득하자

인공지능 엔지니어들은 어떤 일을 할까? 이들의 기본 역할은 주어진 문제를 잘 해결하는 머신러닝 모델을 만드는 것이다. 머신러닝 기술에는 앞서 배웠던 모델들을 중심으로 많은 응용 모델이 존재하고, 지금도 새로운 모델들이 계속 연구되고 있다. 머신러닝 엔지니어는 이 다양한 모델들 중 문제 해결에 가장 적합한 모델을 찾고, 학습 모듈의 세부 구성을 설계한다. 또한 필요하다면 변형하고,

☐ 인공지능 엔지니어가 하는 일

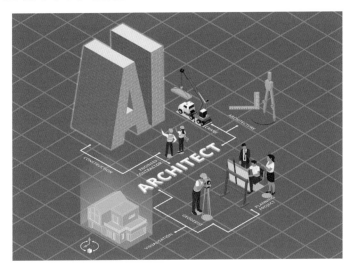

인공지능 모델의 설계, 조립, 가동 등을 담당하는 이들이 바로 인공지능 엔지니어다. 데이터의 수집, 검토, 정제, 학습 데이터 제작까지 총괄하는 경우도 많다.

학습 조건을 설정하는 일을 한다. 쉽게 말해 레고 블록을 조립하는 것처럼 학습 모듈을 조립하고 가동하는 일을 하는 것이다. 더불어 데이터 수집, 검토, 정제, 학습 데이터 제작까지 총괄하는 경우가 많다. 데이터를 정확히 알아야 제대로 된 모델을 만들고 학습시킬 수 있기 때문이다. 머신러닝 엔지니어는 AI 모델 개발의 핵심 인력이다.

인공지능 엔지니어 또는 전문가가 되려면 소프트웨어 개발, 데이터 프로그래밍 등을 기본 역량으로 갖추고, 머신러닝의 기초 원리를 알고 있어야 한다. 확률·통계도 알고 있으면 좋다. 그런데 말이 쉽지 하나하나가 모두 공부하기 만만치 않은 주제들이다. 그래서 인공지능 전문가를 꿈꾸는 사람이라면 우선 이들 중 하나에 집중해 실무 수준의 실력을 쌓고, 나머지 영역들은 실무와 더불어 점차 지식을 확장해

🗋 인공지능 엔지니어에게 필요한 지식과 역량

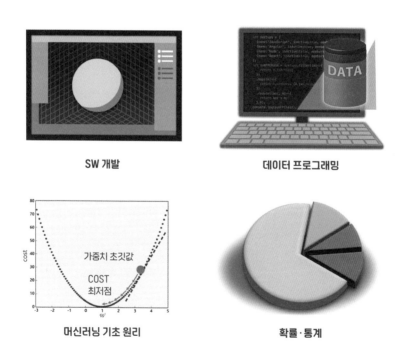

인공지능 엔지니어에게는 다양한 지식과 기술이 요구된다.

가는 방법으로 역량을 키우는 것이 좋지 않을까 생각한다.

이후에는 한 우물을 파는 것이 좋다. 의료, 금융, 제조 같은 특정 분야 또는 학습 데이터 구축, 모델 설계, 튜닝 등 특정 기술 영역에 집중하는 것이 더 좋다는 뜻이다. 경력 초기에는 다양한 분야를 경험해 보는 것이 좋겠지만, 차츰 자신만의 영역을 구축해 나가는 것이 중요하다. 그래야 진짜 전문가가 될 수 있고, 그런 사람은 더 귀하다.

인공지능 엔지니어는 지금 매우 귀중한 인재다. 학교에서 인력을 충분히 양성하기도 전에 산업이 이미 활성화돼서 인력 공급이 수요를 따라가지 못하고 있다. 관련 지식이나 경험이 있는 사람이라면 학력이나 전공/비전공 따지지 않고 모셔간다. 인공지능 기술은 세상의 변화를 주도하고 있으며 그만큼 사회·경제적으로 가치가 크다. 따라서 우리나라의 보다 많은 인재가 인공지능 전문가로 성장해 세상의 흐름을 이끌어가길 바란다.

VIII
16 | 우리는 앞으로 어떻게 대응해야 할까?
인공지능 기술, 지혜롭게 활용하자

    머신러닝 기술은 우리가 하는 일 중 단순하고 반복적이지만 일정 수준의 사고와 판단을 요구하는 일까지 대신할 수 있을 만큼 발전하고 있다. 우리가 하는 일 중 복잡하고 심오한, 즉 고도의 사고를 요하는 일이 얼마나 될까? 의외로 창의적 사고 활동에는 약간의 시간만 쓰고, 대부분 시간을 단순하고 반복적인 일을 하는 데 사용한다. 물품 판매, 금전 출납, 운전, 운동경기 판정, 통번역, 펀드 매매, 뉴스 작성, 약 제조, 법률 검토, 질병 진단 등 대부분의 일이 그렇다. 사실 그렇지 않은 직무를 찾기가 더 어렵다.

  이는 앞으로 우리가 인공지능의 도움을 받을 일이 더 많아질 것임을 의미한다. 자신의 직무에서 단순한 일은 기계에게 맡기고, 좀 더 창의적인 일에 집중하도록 인공지능이 도울 수 있다는 말이다. 물론 일부 직무는 인공지능이 아예 대체할 수도 있다.

☐ 인공지능 서비스의 혁신과 사람

인공지능을 기반으로 새롭고 놀라운 서비스가 많이 등장할 테지만, 그 중심에는 여전히 사람이 있을 것이다.

기술, 사람, 물질, 정신

인공지능 기술의 중심에도 늘 사람이 있다. 이 기술을 어떻게 사용할 것이냐 하는 고민 역시 사람의 몫이다.

어쩌면 각각의 '기능' 측면에서 인공지능이 인간을 압도하는 일은 매우 빠르게 일어날 것이다. 기능을 완전히 익힌 인공지능은 사람보다 안전하고 정확하게 자동차를 운전할 것이고, 산더미 같은 판례 문서를 순식간에 읽어 필요한 정보를 빠짐없이 뽑아줄 것이며, 사람보다 낮은 오진률로 질환 여부를 판단할 것이다. 언젠가 이 같은 일은 자동차가 사람보다 빠르게 달리는 것이 당연하듯 자연스러운 일이 될 수 있다.

다만 변화가 너무 갑작스럽고 급격하게 이뤄지면, 사회가 기술의 변화 속도를 따라잡지 못해 적지 않은 혼란이 일어날 수도 있다. 많은 전문가가 이런 상황을 우려하고 있다. 사회 변화와 흐름을 적시에 잘 읽어내고 충격을 미리 예측해 혼란을 최소화해서, 안정적으로 변화가 진행되도록 잘 관리하는 것이 정책 당국의 역할일 것이다.

현재의 인공지능 기술은 분명 크게 도약 중이며, 이미 우리가 사는 세상에 큰 변화를 일으키고 있다. 지금도 수많은 연구자와 창의적인 기업들이 이 기술을 활용해 다양한 서비스를 개발하고 있다. 고성능의 인공지능 모델들에 다양한 아이디어가 접목되면 얼마나 혁신적이고 새로운 서비스들이 등장할지 예측하기도 어렵다. 그러나 분명한 것은 인공지능 서비스의 중심에는 늘 사람이 있고, 어떤 서비스를 만들어 어떻게 활용할 것이냐 하는 문제 역시 사람의 몫이라는 사실이다.

참고 문헌

ratsgo's NLPBOOK, Gichang LEE (https://ratsgo.github.io/nlpbook/)
Stanford University CS231n: Deep Learning for Computer Vision (http://cs231n.
stanford.edu/index.html)
딥러닝을 이용한 자연어 처리 입문, 유원준 · 안상준 (https://wikidocs.net/profile/info/
book/6876)
모두를 위한 머신러닝/딥러닝 강의, 김성훈 (http://hunkim.github.io/ml/)
위클리 NLP, 박지호 (https://jiho-ml.com/tag/weekly-nlp/)

그림 및 사진 출처

15쪽	〈Show and Tell: A Neural Image Caption Generator〉, Oriol Vinyals, Alexander Toshev, Samy Bengio, Dumitru Erhan, 2005년
21쪽	americanhistory.si.edu
21쪽	https://en.wikipedia.org/wiki/Expert_system
34쪽	고등학교 교과서 《데이터과학과 머신러닝》, 한국과학창의재단, 2021
39쪽	https://en.wikipedia.org/wiki/John_Snow#/media/File:Snow-cholera-map-1.jpg
57쪽	https://ahracho.github.io/posts/ml/ml-basic/2017-12-09-gradient-descent/
64쪽	https://ko.wikipedia.org/wiki/시그모이드_함수
66쪽	https://tensorflowkorea.gitbooks.io/tensorflow-/content/g3doc/tutorials/mnist/beginners/
68쪽	https://blogs.nvidia.co.kr/2018/04/23/nvidia-research-image-translation/
70쪽	https://ko.wikipedia.org/wiki/MNIST_%EB%8D%B0%EC%9D%B4%ED%84%B0%EB%B2%A0%EC%9D%B4%EC%8A%A4
72쪽	https://images.app.goo.gl/zF9gTSRcyhg4BesU6
78쪽	https://en.wikipedia.org/wiki/Perceptron#/media/File:Mark_I_perceptron.jpeg
78쪽	https://isl.stanford.edu/~widrow/papers/t1960anadaptive.pdf
90쪽	https://cs231n.github.io/convolutional-networks/
91쪽	https://www.asimovinstitute.org/?s=mostly+complete+chart+of+Neural+Networks

93쪽   http://computing.or.kr/14569/deep-learning%EB%94%A5%EB%9F%AC%EB%
        8B%9D/

102쪽   https://cs231n.github.io/convolutional-networks/

103쪽   https://cs231n.github.io/convolutional-networks/

120쪽   https://www.andreaprovino.it/gan-come-funziona-una-rete-generativa-
        avversaria

124쪽   https://www.pcmag.com/news/deepminds-ai-to-take-on-human-starcraft-
        ii-players-on-battlenet

125쪽   https://www.youtube.com/watch?v=-e1_QhJ1EhQ

126쪽   https://waymo.com/waymo-driver/

127쪽   https://ko.wikipedia.org/wiki/%EC%8A%A4%ED%94%BC%EB%A6%BF_
        (%ED%83%90%EC%82%AC%EC%B0%A8)#/
        media/%ED%8C%8C%EC%9D%BC:NASA_Mars_Rover.jpg

142쪽   https://wikidocs.net/33793

144쪽   https://projector.tensorflow.org/

159쪽   https://wikidocs.net/24996

161쪽   https://wikidocs.net/24996

166쪽   https://wikidocs.net/22893

168쪽   〈Attention Is All You Need〉, Ashish Vaswani, Noam Shazeer, Niki Parmar,
        Jakob Uszkoreit, Llion Jones, Aidan N. Gomez, Łukasz Kaiser, Illia
        Polosukhin, 2017

170쪽   https://wikidocs.net/31379

171쪽   https://wikidocs.net/31379

171쪽   https://wikidocs.net/31379

173쪽   https://search.pstatic.net/common?quality=75&direct=true&src=https%3
        A%2F%2Fmovie-phinf.pstatic.net%2F20181127_110%2F1543280324943XmC
        it_JPEG%2Fmovie_image.jpg

193쪽   https://alternativemovieposters.com/amp/minority-report-kevin-wilson/

209쪽   https://m.media-amazon.com/images/M/MV5BNWU2NzEyMDYtM2MyOSOOOGM
        3LWFkNzAtMzRiNzE2ZjU5ZTljXkEyXkFqcGdeQXVyNjUOOTQOOTY@._V1_.jpg

- 출처를 밝히지 않은 본문 사진은 freepik.com에서 구매한 것이다.

일러스트 남지우

프리랜서 일러스트레이터. 대학에서 디자인과 함께 공학을 공부한 색다른 이력의 그림 작가. 전공 이력을 살려 정확한 지식을 바탕으로 독자들에게 흥미롭고 유익한 정보를 전달하려고 노력한다. 과학을 어렵고 지루한 것으로 느끼는 사람들에게 과학의 재미와 가치를 알려주는 게 목표다. 그동안 과학 도서, 과학 잡지, 과학 교육 자료 등 여러 삽화 작업에 참여했다. 그린 책으로 《자동차 연비 구조 교과서》《어린이 비행기 구조 대백과》《80일간의 세계 일주》《죄와 벌》 등이 있다.

인공지능 구조 원리 교과서
개발자와 프로젝트 매니저를 위한 AI 수업,
머신러닝·딥러닝·CNN·RNN·LLM 메커니즘 해설

1판 1쇄 펴낸 날 2024년 3월 25일
1판 2쇄 펴낸 날 2024년 6월 10일

지은이 송경빈
일러스트 남지우

펴낸이 박윤태
펴낸곳 보누스
등록 2001년 8월 17일 제313-2002-179호
주소 서울시 마포구 동교로12안길 31 보누스 4층
전화 02-333-3114
팩스 02-3143-3254
이메일 bonus@bonusbook.co.kr

ⓒ 송경빈, 2024

• 이 책은 저작권법에 의해 보호를 받는 저작물이므로 무단전재와 무단복제를 금합니다. 이 책에 수록된 내용의 전부 또는 일부를 재사용하려면 반드시 지은이와 보누스출판사 양측의 서면동의를 받아야 합니다.

ISBN 978-89-6494-685-5 03000

• 책값은 뒤표지에 있습니다.

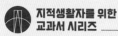 **지적생활자를 위한 교과서 시리즈** ——— 지식은 현장에 있다

자동차 구조 교과서

아오야마 모토오 지음
김정환 옮김
임옥택 감수 | 224면

자동차 정비 교과서

와키모리 히로시 지음
김정환 옮김
김태천 감수 | 216면

자동차 에코기술 교과서

다카네 히데유키 지음
김정환 옮김
류민 감수 | 200면

자동차 연비 구조 교과서

이정원 지음 | 192면

자동차 첨단기술 교과서

다카네 히데유키 지음
김정환 옮김
임옥택 감수 | 208면

전기차 첨단기술 교과서

톰 덴튼 지음
김종명 옮김 | 384면

자동차 운전 교과서

가와사키 준코 지음
신찬 옮김 | 208면

자동차 버튼 기능 교과서

마이클 지음 | 128면
(스프링)

로드바이크 진화론

나카자와 다카시 지음
김정환 옮김 | 232면

모터사이클 구조 원리 교과서

이치카와 가쓰히코 지음
조정호 감수 | 216면

비행기 구조 교과서

나카무라 간지 지음
전종훈 옮김
김영남 감수 | 232면

비행기 엔진 교과서

나카무라 간지 지음
신찬 옮김
김영남 감수 | 232면

비행기 역학 교과서

고바야시 아키오 지음
전종훈 옮김
임진식 감수 | 256면

비행기 조종 교과서

나카무라 간지 지음
김정환 옮김
김영남 감수 | 232면

비행기 조종 기술 교과서

나카무라 간지 지음
전종훈 옮김
마대우 감수 | 224면

비행기, 하마터면 그냥 탈 뻔했어

아라완 위파 지음
최성수 감수 | 256면

헬리콥터 조종 교과서

스즈키 히데오 지음
김정환 옮김 | 204면

기상 예측 교과서

후루카와 다케히코,
오키 하야토 지음
신찬 옮김 | 272면

다리 구조 교과서

시오이 유키타케 지음
김정환 옮김
문지영 감수 | 248면

반도체 구조 원리 교과서

니시쿠보 야스히코 지음
김소영 옮김 | 280면

권총의 과학

가노 요시노리 지음
신찬 옮김 | 240면

총의 과학

가노 요시노리 지음
신찬 옮김 | 236면

사격의 과학

가노 요시노리 지음
신찬 옮김 | 234면

잠수함의 과학

야마우치 도시히데 지음
강태욱 옮김 | 224면

악기 구조 교과서

야나기다 마스조 지음
안혜은 옮김
최원석 감수 | 228면

홈 레코딩 마스터 교과서

김현부 지음
윤여문 감수 | 450면

**꼬마빌딩 건축
실전 교과서**

김주창 지음 | 313면

**조명 인테리어
셀프 교과서**

김은희 지음 | 232면

세탁하기 좋은 날

세탁하기좋은날TV 지음
160면

**고제희의
정통 풍수 교과서**

고제희 지음 | 416면

인체 의학 도감 시리즈
MENS SANA IN CORPORE SANO

인체 해부학 대백과

켄 에슈웰 지음
한소영 옮김 | 232면

인체 구조 교과서

다케우치 슈지 지음
오시연 옮김
전재우 감수 | 208면

뇌·신경 구조 교과서

노가미 하루오 지음
장은정 옮김
이문영 감수 | 200면

뼈·관절 구조 교과서

마쓰무라 다카히로 지음
장은정 옮김 | 다케우치 슈지,
이문영 감수 | 204면

혈관·내장 구조 교과서

노가미 하루오 외 2인 지음
장은정 옮김 | 이문영 감수
220면

인체 면역학 교과서

스즈키 류지 지음
장은정 옮김
김홍배 감수 | 240면

인체 생리학 교과서

장은정 옮김
이시카와 다카시,
김홍배 감수 | 243면

인체 영양학 교과서

장은정 옮김
가와시마 유키코,
김재일 감수 | 256면

질병 구조 교과서

윤경희 옮김
나라 노부오 감수 | 208면

동양의학 치료 교과서

장은정 옮김
센토 세이시로 감수 | 264면

농촌생활 교과서

성미당출판 지음
김정환 옮김 | 272면

산속생활 교과서

오우치 마사노부 지음
김정환 옮김 | 224면

무비료 텃밭농사 교과서

오카모토 요리타카 지음
황세정 옮김 | 264면

**텃밭 농사 흙 만들기
비료 사용법 교과서**

오우치 마사노부 지음
김정환 옮김 | 224면

매듭 교과서

박재영 옮김
하네다 오사무 감수 | 224면

**목공 짜맞춤
설계 교과서**

테리 놀 지음 | 이은경 옮김
이동석, 정철태 감수 | 224면

집수리 셀프 교과서

맷 웨버 지음 | 김은지 옮김
240면

태양광 발전기 교과서

나카무라 마사히로 지음
이용택 옮김 | 이재열 감수
184면

스포츠 시리즈

TI 수영 교과서

테리 래플린 지음
정지현, 김지영 옮김
폴 안 감수 | 208면

다트 교과서

이다원 지음 | 144면

**당구 3쿠션
300 돌파 교과서**

안드레 에플러 지음
김홍균 감수 | 352면

배드민턴 전술 교과서

후지모토 호세마리 지음
이정미 옮김
김기석 감수 | 160면

테니스 전술 교과서

호리우치 쇼이치 지음
이정미 옮김
정진화 감수 | 304면

서핑 교과서

이승대 지음 | 210면

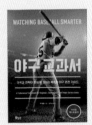

야구 교과서

잭 햄플 지음
문은실 옮김 | 336면

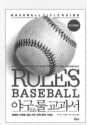

야구 룰 교과서

댄 포모사, 폴 햄버거 지음
문은실 옮김 | 304면

체스 교과서

가리 카스파로프 지음
송진우 옮김 | 97면

클라이밍 교과서

ROCK & SNOW 지음
노경아 옮김
김자하 감수 | 144면

트레일 러닝 교과서

오쿠노미야 슌스케 지음
신찬 옮김 | 172면